KNÖDEL

Die besten klassischen und internationalen Knödelrezepte

FLORIAN OBERNDORFER

Inhalt

Königlich bayrischer
Knödelkoch

Liebe Leserin, lieber Leser,

ich bin ein bayerischer Wirt und ich liebe Knödel. Vor vielen Jahren haben mich meine beiden Söhne Felix und Moritz einmal gefragt, warum ich so eine Leidenschaft für Knödel habe, dass sich bei mir alles um diese runden Köstlichkeiten dreht. Es ist ganz einfach: Der Knödel ist für mich der Inbegriff der bayerischen Küche – bodenständig, genussvoll, perfekt in seiner Form und dabei immer charmant! Knödel sind die besten Botschafter bayerischer Lebensfreude.

Deshalb habe ich mich vor mehr als 25 Jahren gastronomisch dem Knödel verschrieben und das Wirtshaus in der Au in München zu seiner Heimat gemacht. Aus dieser Liebe heraus etablierte ich die Münchner Knödelei als eines der originellsten Zelte auf dem Oktoberfest. Und deshalb entstanden auch der „berühmt-berüchtigte“ Knödelkochkurs, unser himmlisches Knödelmobil (ein feuerroter Food Truck) – und letztendlich auch dieses Kochbuch.

Mir macht alles, was mit Knödeln zu tun hat, riesigen Spaß – und das gilt nicht nur für die bayerischen Varianten. Ich lasse mich durch Rezepte aus aller Welt inspirieren. Auch wenn mich die Entwicklung so manchen Knödels schlaflose Nächte gekostet hat, bis seine Zubereitung perfekt war, ist das Kochen dieser Gerichte für mich nach wie vor eine unglaubliche Bereicherung. Ich hoffe, beim Lesen dieses Kochbuchs und beim Kochen mit unseren ausgewählten Rezepten können Sie dieses Vergnügen nachempfinden. Ich möchte Ihnen mit diesem Buch nämlich etwas von meiner Leidenschaft mitgeben.

Und noch ein Tipp, der mich ebenfalls das ganze Leben begleitet hat: Seien Sie mutig, kochen Sie mit Liebe und sehen Sie Rückschläge als Ansporn. Dann werden Sie immer große Freude beim Kochen haben.

Das wünsche ich Ihnen von ganzem Herzen

Eine runde Weltgeschichte

Eines Tages vor langer Zeit, als sich der moderne Mensch über alle Kontinente der Erde verbreitet und in kleinen Gruppen erste Siedlungen errichtet hatte, rollte zum ersten Mal ein Mensch einen Teig zu einem kleinen Klumpen. Dieser Teig bestand vermutlich aus wildem Hafer oder Emmer, Einkorn und Gerste – Kulturpflanzen, die bereits vor mehr als 10 000 Jahren angebaut wurden. Wie durch Funde in der Grotta Paglicci im Süden Italiens bekannt ist, wurde das Getreide in Steinmörsern vermahlen. Vermengt mit Wasser ergab es durch die bindenden, quellenden und verdickenden Eigenschaften des Getreides einen klumpigen Teig. Das Rollen dieser kleinen, unscheinbaren Kugel war die Geburtsstunde eines beliebten Lebensmittels: des Knödels.

Das Rollen der unscheinbaren Masse aus gemahlenem Getreide und Wasser zu kleinen Kugeln war die Geburtsstunde eines beliebten Lebensmittels: des Knödels.

Diese runde Masse aus ungesäuertem Teig hatte allerdings einen Nachteil: In der Luft vorhandene winzige Mikroorganismen, die Hefen, sorgten dafür, dass sich dieser rohe Teig veränderte. Er fing an zu gären. Aus dünnen Teigen wurden vergorene Flüssigkeiten, aus Klumpen mit einer festeren Konsistenz ein Hefeteig. In den frühen Hochkulturen des Nahen Ostens führte diese Entdeckung bald zur Entstehung des Bieres, der gesäuerte Teig zur Herstellung von gebackenem Sauerteigbrot, das die übliche Zubereitung von gerösteten Teigfladen ablöste. Die frühe Geschichte des Knödels geht mit diesen Entdeckungen einher.

Die Erfindung des Kochens

Neben der Haltbarmachung von Lebensmitteln durch Backen oder Braten hatte der Mensch schon in grauer Vorzeit die ebenso konservierende wie veredelnde Wirkung des Kochens entdeckt. Vermutlich schon der Homo erectus konnte vor rund zwei Millionen Jahren sein Essen kochen. Es gilt als eine der größten Errungenschaften der Menschheitsgeschichte, ja sogar als die Voraussetzung für die Entwicklung des Homo sapiens. Gekochte Lebensmittel sind verdaulicher als Rohkost, da sie mit geringerem Energieaufwand vom Körper verarbeitet werden. Der Mensch benötigte dadurch weniger Mahlzeiten, und so verkürzte

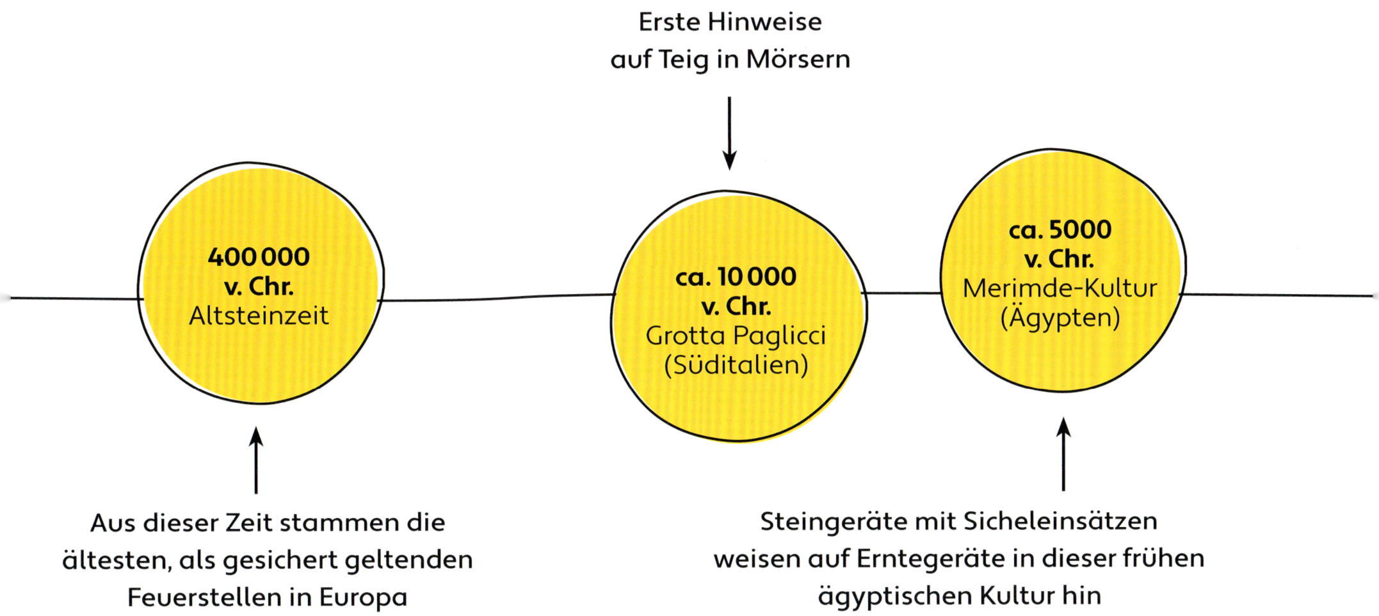

sich die Zeit, die er für die Nahrungsaufnahme verwenden musste. Was lag also näher, als die kleinen Teigkugeln ebenfalls in heißes Wasser zu tauchen und so haltbarer, als auch nahrhafter zu machen?

Diese Errungenschaft der Kochgeschichte ereignete sich womöglich rund um den Erdball zu einer ähnlichen Zeit – unabhängig von der Region, in der sich die Menschen befanden. Was da in einem großen Gebiet von Afrika über Europa bis nach Asien aus dem kochenden Wasser gezogen wurde, kommt dem, was wir heute als Knödel in ihrer gesamten Palette kennen, schon sehr nahe.

Knödel – die perfekte Schutzhülle

Über die Urgeschichte des Knödels wird viel spekuliert. Erstmals greifbar wurde seine Vergangenheit am Mondsee im Salzkammergut. Es war in etwa zur Zeit des Ötzi, jenes Mannes, der über 5000 Jahre nach seinem Tod mit einer Pfeilspitze im Rücken als Gletschermumie in den Ötztaler Alpen gefunden wurde. Zu jener Zeit lebten Menschen in Pfahlbauten an Seen rund um die Alpen. Nach der Entdeckung der ersten dieser Siedlungen durch den Archäologen Matthäus Much in den Jahren 1870 bis 1872 am Mondsee, erhielt diese Kultur Jahrzehnte später den Namen Mondseekultur. Und neben den Überresten der Pfahlbauten gab das Erdreich zahlreiche Keramik- und Kupferfunde frei. In diesen Gebrauchsgegenständen des täglichen Lebens wurden auch Speisereste entdeckt: Fleisch und Obst, die schon mit Teig umhüllt worden waren.

Diese runden Speisekugeln legen die Vermutung nahe, dass der Knödel die erste Konserve der Menschheitsgeschichte war. Nahrung, die nicht sofort gegessen wurde und vermutlich für später aufbewahrt werden sollte, wurde mit eingedicktem Brei oder Teig aus geschrotetem Getreide umhüllt und so haltbarer gemacht. Diese zubereiteten Kugeln konnten als Proviant auf Fußmärschen und auf die Jagd mitgenommen werden.

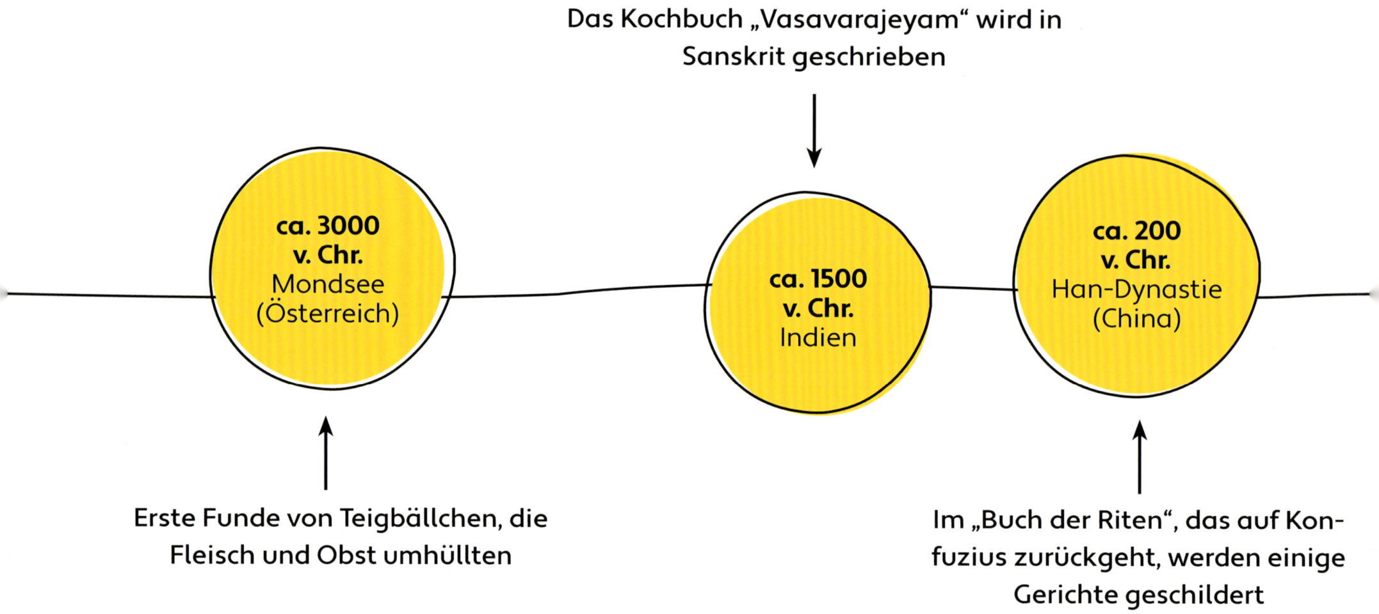

Seltene Nachweise in historischen Kochbüchern

Machen wir einen Sprung in der Zeitgeschichte um etwa 3000 Jahre. Mit dem Voranschreiten der Zivilisation war eine gesellige Esskultur entstanden, die weit über das Ziel der eigentlichen Aufnahme von Nahrung hinausging. Das gemeinsame Essen wurde zu einem Ereignis, das bestimmten Ritualen folgte. Während in den ersten Jahrhunderten des antiken Griechenlands wenig verarbeitete Grundprodukte im Mittelpunkt eines Mahles standen, wurde die Zubereitung der Speisen im Laufe der Zeit immer raffinierter. Auch die römische Küche entwickelte sich – inspiriert davon, wie die Griechen ihre Küche weiterentwickelt hatten: Wachsender Wohlstand der Oberschicht führte zu üppigeren Mahlzeiten und eine Dreiteilung in Vor-, Haupt- und Nachspeise entstand. Das Ziel, verschiedene Geschmacksrichtungen in einem Gericht zu kombinieren, führte zu verschiedensten gefüllten Speisen. Rezepte wurden damals in der westlichen Welt selten aufgeschrieben, weshalb auch nichts über die Entwicklung des Knödels aus dieser Zeit überliefert ist. Die ältesten Kochbücher stammen aus Asien – so das indische „Vasavarajeyam“, das vor etwas 3500 Jahren in altem Sanskrit abgefasst wurde. Und auch aus China sind einige Schilderungen von Gerichten in dem „Buch der Riten“ enthalten, das auf Konfuzius zurückgeht und vermutlich zweihundert Jahre vor Christi Geburt entstand. Aus der Zeitenwende stammt das römische Kochbuch „De re coquinaria“ von Apicius, das noch im Mittelalter die beliebteste Rezeptsammlung in Europa war. Deutsche handschriftliche Rezepte waren noch lange Zeit selten, weil Pergament ein teurer Rohstoff war und weil Köche üblicherweise weder lesen noch schreiben konnten. Nur in Klöstern und an Adelshöfen entstanden schriftliche Aufzeichnungen, von denen die meisten, die keine religiösen Inhalte hatten, wissenschaftlich ausgerichtet waren. Und da das Knödelkochen dazu nicht unbedingt zählte, sind nur spärliche Andeutungen aus klösterlichen Pergamentschriften bekannt.

Erste Bezüge zum Manti-Knödel in chinesischen Aufzeichnungen

Kurz nach Christi Geburt
Rom

Apicius schreibt das älteste noch erhaltene römische Kochbuch „De re coquinaria"

zwischen 266 und 420
Jin-Dynastie (China)

vor dem 9. Jh.
Westafrika

Typische afrikanische Knödelgerichte wie Banku, Obenku oder Akpele aus Mais- und Maniokmehl entstehen

Auch im „Liber de Coquina", einem der frühesten mittelalterlichen Kochbücher im europäischen Raum, um 1300 verfasst, werden keine Knödelgerichte erwähnt. Als die älteste erhaltene deutsche Rezeptsammlung gilt das „Bůch von gůter spîse", ein wohl um 1350 entstandener Teil der „Würzburger Liederhandschrift", die von Gyselher, dem Schreiber des Würzburger Protonotarius Michael de Leone, zusammengestellt wurde. Da einige der 101 Rezepte importierte Gewürze wie Safran oder Nelken sowie die Zubereitung von Hirsch oder Fasan enthalten und der Verzehr von Wildbret nur dem Adel erlaubt war, wird davon ausgegangen, dass vor allem Speisen aus der Küche der Oberschicht enthalten sind. Knödel aber galten als Nahrungsmittel des Volkes.

Als älteste erhaltene deutsche Rezeptsammlung gilt das „Bůch von gůter spîse", ein wohl um 1350 entstandener Teil der „Würzburger Liederhandschrift".

Bei der spärlichen schriftlichen Beweislage ist es umso erstaunlicher, dass die erste bildliche Darstellung eines Knödels aus dem Anfang des 13. Jahrhunderts stammt. Die Kapelle der Burg Hocheppan südlich von Bozen in Südtirol wurde in einer kurzen Friedenszeit mit einem romanischen Freskenzyklus ausgemalt. In einer Szene zur Geburt Christi wird Maria in byzantinischer Tradition liegend dargestellt. Ihr wendet sich eine Frau zu, die aus einem großen Tiegel über offenem Feuer mit einem Knödelmesser einen Knödel herausnimmt und kostet. Das Fresko mit der im Volksmund als „Knödelesserin" bekannten Figur gilt als die älteste bildliche Darstellung eines Knödels und für die Einheimischen als Beweis für den Ursprung des beliebten Gerichts im Alpenraum.

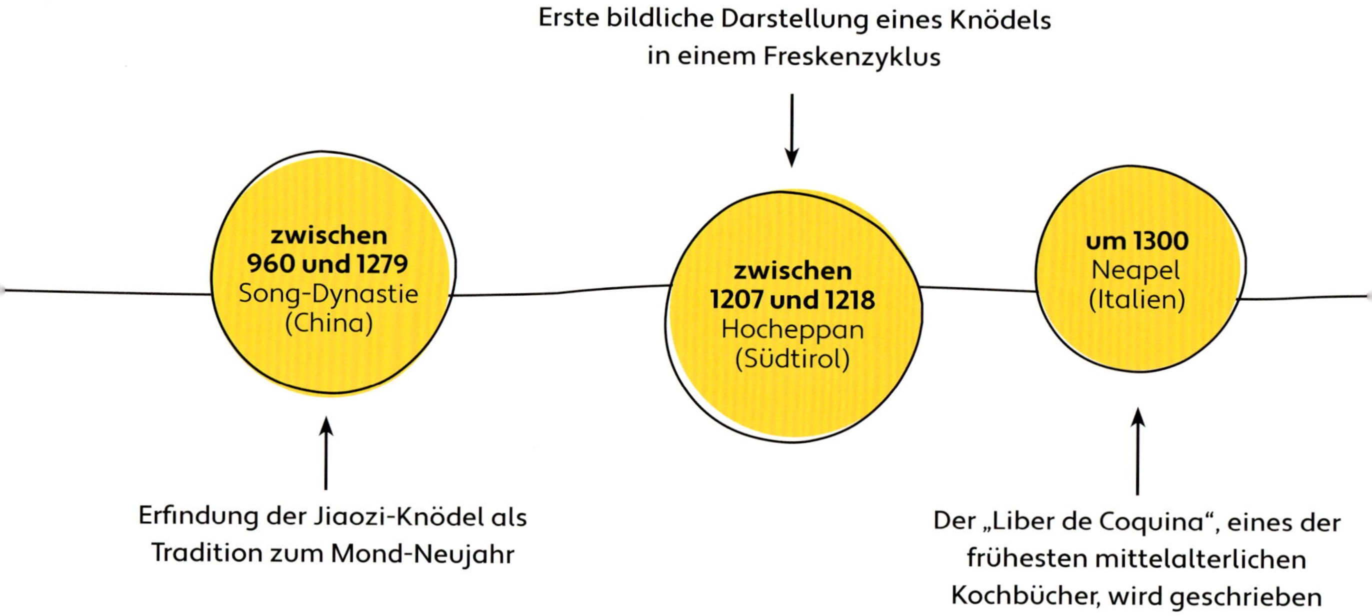

Der Tiroler Knödel – eine aus der Gefahr geborene Köstlichkeit

In Tirol und Südtirol werden seit Langem Anekdoten zu dem runden Nationalgericht erzählt, welche die Urheberschaft an den Knödeln belegen sollen. Und sie sind mit Anspielungen auf die Rivalität zum großen Nachbarn Deutschland gespickt: So seien deutsche Landsknechte, die schon immer den Ruf von Plünderern hatten, einmal hungrig in ein Tiroler Gasthaus eingefallen. Sie würden alles kurz und klein schlagen, wenn sie nicht sofort etwas zu essen bekämen. Die Wirtin suchte alle Reste zusammen, die sie noch in ihrer Speisekammer fand, vermischte altes Brot, Speck und Wurst zusammen mit Milch und Mehl und rollte daraus stattliche Kugeln, die sie dann im Wasser kochte. Die Landsknechte waren begeistert und so soll der Tiroler Knödel entstanden sein.

Aber vermutlich entwickelten sich Knödel als preiswerte Resteverwertung in vielen ländlichen Gegenden. Das karge Leben machte erfinderisch und allerlei Nahrungsmittel, die gerade zur Verfügung standen, konnten mit Wasser oder Milch und Mehl zu leckeren Knödeln geformt werden. Während das einfache Volk mit allerlei Arten der vegetarischen Brotknödel vorliebnehmen musste, ging es in den Klosterküchen, wie alte Schriften belegen, schon raffinierter zu: Brotstücke im Knödelteig aus Wasser und Mehl dienten vor allem als Bindemittel für fleischliche Einlagen. Und in den Küchen des Adels wurde die Zutatenliste immer weiter verfeinert: Wild, Fisch und vor allem feinste Gewürze hielten Einzug in immer raffiniertere Knödelrezepturen.

Knödel – weltweit geliebtes Teiggericht

Aber auch in fernen Landen entwickelten sich Knödel in allen Varianten, deren Ursprünge zum Teil noch früher dokumentiert sind als in unserem Kulturkreis. So lässt sich die Geschichte der vor allem zum chinesischen Neujahrsfest beliebten Jiaozi-Knödel – die allerdings eher eine Art gefüllter Teigtaschen

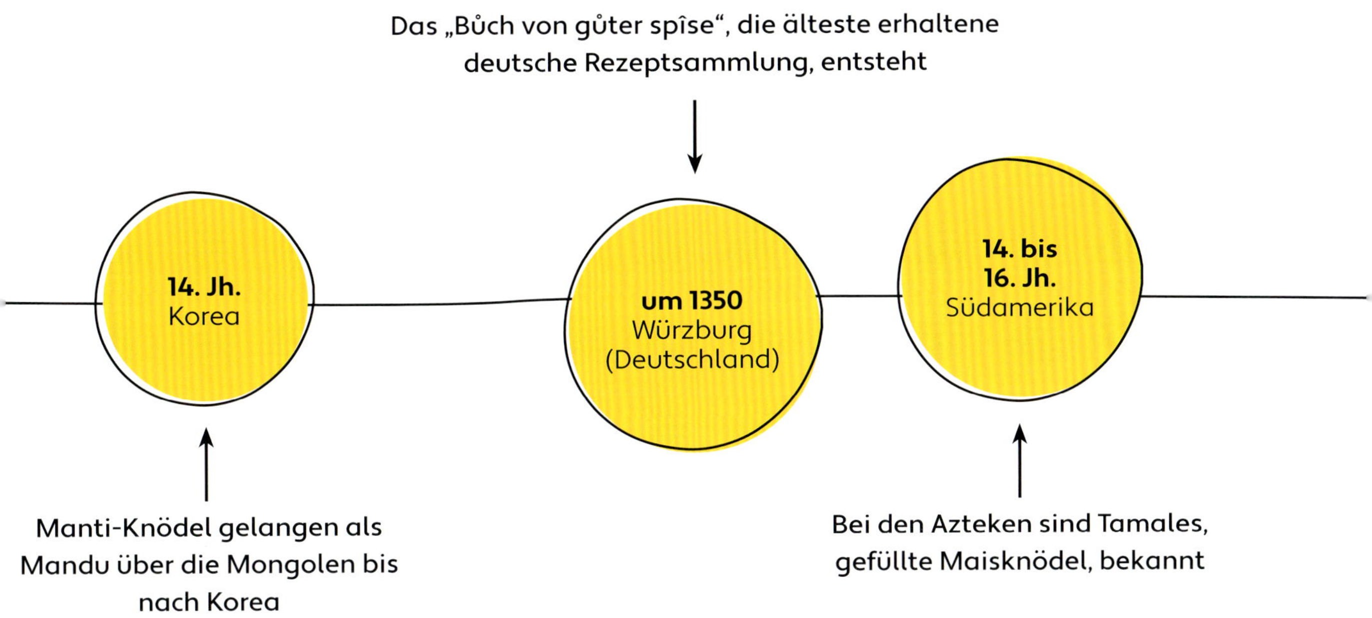

Knödelvarianten entwickelten sich schon vor Hunderten von Jahren in fernen Ländern – von China und der Mongolei über Westafrika bis zu den Hochkulturen Mexikos.

sind – bis zur nördlichen Song-Dynastie (960 bis 1279 nach Christi Geburt) zurückverfolgen. „Jiaozi“ war eine der ersten Papiergeldwährungen und die Knödel wurden zum Mond-Neujahr wie gefaltetes Papier geformt. Beim Essen dieser symbolischen Geldknödel hofften sie auf Glück und Wohlstand im kommenden Jahr. Traditionell wird der nur aus Mehl und Wasser bestehende Teig der Jiaozi-Knödel mit einer Mischung aus Schweinehack und Garnelen sowie Chinakohl und Ingwer gefüllt und in kleinen Dampfkörbchen aus Bambus gedämpft. Abgeschmeckt wird das Ganze mit Knoblauch, Sojasauce und Sesamöl.

Noch früher ist in Aufzeichnungen der chinesischen Jin-Dynastie (265 bis 420 nach Christi Geburt) der Begriff Mantou zu lesen – die Bezeichnung für ein Gericht, das vermutlich aus den Gebieten des mongolischen Reiches stammt. Manti-Knödel sind heute in den Küchen vom Südkaukasus über Afghanistan und alle postsowjetischen Länder bis zum Balkan verbreitet. Als Mandu sollen sie im 14. Jahrhundert über die Mongolen sogar nach Korea gelangt sein. In einem Kochbuch von Muhammed bin Mahmud Shirvani aus dem 15. Jahrhundert werden osmanische Manti als gedämpfte Knödel aus gehacktem Lamm und zerkleinerten Kichererbsen beschrieben, die mit Zimt und Essig gewürzt sind.

Bereits zwischen dem 14. und frühen 16. Jahrhundert waren bei den Azteken Tamales, gefüllte Maisknödel, bekannt. Dazu wurde mit

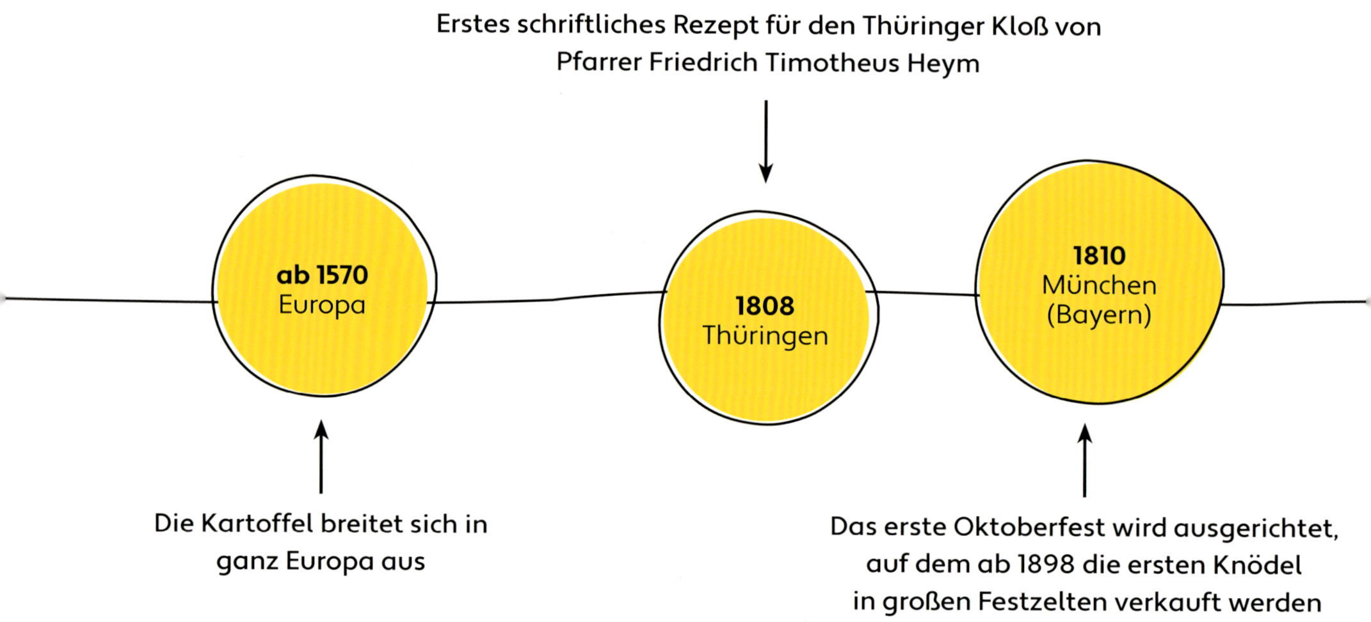

Schmalz versetzter Maisteig auf Maisblätter gestrichen und mit verschiedenen Füllungen belegt. Die Blätter wurden gefaltet und verschnürt. Den gedämpften Päckchen entströmte bald ein köstlicher Duft, der auch heute noch durch die Straßenküchen Südamerikas weht.

Mais ist auch eine der Zutaten eines alten westafrikanischen Knödelgerichts, das je nach Region Banku, Obenku oder Akpele genannt wird. Die Teigknödel bestehen aus gesäuertem Mehl – meist eine Mischung aus Mais- und Maniokmehl. Der Brei aus Mehl und Wasser wird zur Säuerung einige Tage stehen gelassen und anschließend gekocht. Vor dem Servieren wird der so entstandene Teig zu Klößen geformt und mit würzigen Saucen serviert.

Die Geburtsstunde des Kartoffelknödels

Erst relativ spät wurde bei uns eine der heute beliebtesten Knödelvarianten immer populärer, die ihre Ursprünge auch in Übersee hat.

Die spanischen Eroberer hatten im 16. Jahrhundert aus dem neu entdeckten Kontinent Amerika eine exotische Knolle nach Europa mitgebracht: die Kartoffel. Ab 1570 gelangte die Kartoffel von Spanien aus nach Italien und breitete sich dann langsam auf dem europäischen Festland aus. In Zeiten von Hungersnöten während und nach dem Dreißigjährigen Krieg (1618–1648) wurde die Kartoffel hierzulande zur oft einzigen, wenn auch zuerst ungeliebten Ernährungsgrundlage. Von nun an experimentierten die Menschen, um dieses Nahrungsmittel in verschiedenen schmackhaften Varianten auf den Esstisch zu bringen. Nachdem der Versuch, aus Kartoffeln Brot zu backen, gescheitert war, wurden bald Klöße – eine Abwandlung des althochdeutschen Wortes klöz für „Klumpen, Knolle oder Kugel" – aus geriebener und gekochter Kartoffelmasse geformt und gekocht. So soll der berühmte Thüringer Kloß entstanden sein, dessen erstes schriftliches Rezept 1808 Pfarrer Friedrich Timotheus Heym aus Effelder-Rauenstein im Thüringischen Sonneberg veröffentlichte.

Mit der Münchner Knödelei bekommen die Knödel ein eigenes Zelt auf dem Oktoberfest

2000 Sterzing (Südtirol)

2002 München

2007 Deggendorf

Gründung des Sterzinger Knödelfests mit einer langen Tafel im historischen Stadtzentrum

Eröffnung der Knödelausstellung im Stadtmuseum der Knödelstadt Deggendorf

Jahrhundertelang war mit ähnlichen Hilfsmitteln gekocht worden. Doch die weltweit immer schnellere Entwicklung der Technik hielt auch in den Küchen Einzug. Spätestens ab dem 19. Jahrhundert trugen verbesserte küchentechnische Möglichkeiten sicher auch zu einer wachsenden Knödelkultur bei. Und gerade in den letzten Jahrzehnten führte die Entwicklung unserer Gesellschaft zu einem Bewusstsein, das die Bedeutung des Kochens von der reinen Nahrungszubereitung zu einem geselligen Erlebnis wandelte. Vielfach spielt sich inzwischen das Leben rund um die Küche als zentralem Element der Wohnung ab. Am Herd wird mehr experimentiert und durch globale Einflüsse ist der Variantenreichtum innerhalb der Knödelfamilie massiv gestiegen. Die sinnliche Art der Zubereitung mit den bloßen Händen hat die Knödel bald von einem überwiegenden Wirtshaus- und Feiertagsgericht zu einer jederzeit beliebten Speise mit einem besonderen Charme befördert. Und so wird der Knödel vermutlich auch in Zukunft den Menschen durch die Weltgeschichte begleiten.

Viele Namen für ein Nationalgericht

Die übliche Bezeichnung „Knödel" im süddeutschen Raum, in Österreich und Südtirol entwickelte sich aus dem althochdeutschen „chnodo" und dem mittelhochdeutschen „knode". Und diese Wörter sind wiederum vermutlich – ebenso wie „Nudel" – auf das lateinische Wort Nodus (Knoten) zurückzuführen. In Nord-, Mittel- und Westdeutschland ist für die Teigkugel die Bezeichnung Kloß gebräuchlich, die vom althochdeutschen „kloz" für Klumpen, Knolle oder Kugel abstammt. Weitere regionale Idiome waren und sind von diesen abgewandelte Formen wie „Gleeß" und „Gneedl" (Schwaben), „Kließ" oder „Glües" sowie in der Kleinform „Gniedla" (Franken) oder die pfälzischen „Knepp". Auch das tschechische „Knedlik", das italienische „Canederli" oder französische „Quenelles" haben den gleichen Ursprung. Eine weitere Variante gibt es im hohen Norden und im Osten Deutschlands: den Klops. Zu dieser Wortfamilie gehört auch die schwedische Form „Kalops".

KNÖDEL-WISSEN

Knödelwissen kompakt – unsere Tipps für gelungenen Knödelgenuss

Einem Bauern, so heißt es in einer alpenländischen Legende, soll es besonders schwergefallen sein, Knödel schön locker zuzubereiten. Sie wurden jedes Mal so fest, dass es fast unmöglich war, sie mit der Gabel anzustechen. Man musste sie schon mit Schwung präzise in der Mitte erwischen. Einmal habe einer seiner Knechte so heftig auf seinen Knödel eingestochen, dass dieser durch die Haustür katapultiert wurde und den Hang hinunterkullerte. Dort unten soll er in einem Haus eingeschlagen sein und die Fensterscheibe zerbrochen haben. Damit Ihre Knödel weder hart wie die Kanonenkugeln dieses Bauern noch weich wie Brei werden, hat Andrea Seban, die Küchenchefin der Münchner Knödelei auf dem Oktoberfest, ihre ganz persönlichen Tipps zusammengestellt.

Die Mengenangaben in den Rezepten sind Richtwerte: Durch einzelne Knödelkomponenten kann der Knödelteig weicher oder fester sein. Machen Sie zuerst alles laut Rezept, man kann die Masse immer noch nachbessern.

Hochwertige Zutaten sind das A und O

Essen ist bei Weitem mehr als nur eine einfache Nahrungsaufnahme. Für ein gelungenes Gericht sollten Sie daher immer zu hochwertigen Zutaten greifen. Das fängt bereits beim Einkauf an: Wann immer es möglich ist, sollten saisonale und regional angebaute Zutaten im Warenkorb landen. Das ist nicht nur nachhaltig (siehe dazu auch Seite 20 f.), sondern auch eine Voraussetzung, dass Ihr Knödelgericht wie aus Omas Küche schmeckt. Und wenn Sie noch Reste alter Mahlzeiten im Kühlschrank oder in der Speisekammer haben, nutzen Sie sie. Hinter der Produktion von Nahrungsmitteln steckt nämlich viel mehr, als viele glauben. Geben sie deshalb jedem Lebensmittel die Wertschätzung, die es verdient – und sei es nur ein Stück altes Brot. Orientieren Sie sich bei den Zutaten an den Rezepten in diesem Buch, aber seien Sie ruhig auch etwas kreativ (Weiteres zum Thema Kreativität auf S. 135).

Ein kleiner Hinweis noch: Die Mengenangaben in den Rezepten der Hauptspeisen-Knödel in diesem Buch beziehen sich auf etwa zehn

bis zwölf Knödel in einer mittleren Größe von etwa 100 Gramm, was einem Durchmesser von etwa acht Zentimetern entspricht.

Das perfekte Würzen ist Gefühlssache, auch weil die Geschmäcker unterschiedlich sind. Deshalb sind Mengenangaben in den Rezepten nur Anhaltspunkte. Aber eines sollten Sie, wenn Sie den Teig abschmecken, beachten: Würzen Sie die Knödelmasse immer ein wenig stärker, da durch das Kochen etwas Geschmack verloren geht. Und noch etwas: Geben Sie Gewürze idealerweise in heiße Milch. Dadurch entfaltet sich das Aroma schneller im Knödelteig.

Haben Sie alle Zutaten in einer Schüssel, mischen Sie diese zu einem Teig. Aber Achtung: nicht kneten! Eine Hand bleibt immer an der Schüssel, die andere vermengt von außen nach innen. Dadurch erhält der Knödelteig eine gute Struktur und Bindung. Und mit der sauberen Hand kann man gegebenenfalls nochmals nachwürzen. Sind die Zutaten zu einer homogenen Masse vermengt, sollte diese zuerst einmal ruhen. Lassen Sie sie vor dem Abdrehen etwa 20 bis 30 Minuten stehen. Damit sorgen Sie nicht nur für die notwendige Festigkeit, sondern verhindern auch, dass der Teig beim anschließenden Portionieren und Formen zu sehr an den Fingern klebt.

Wenn Sie sich nicht sicher sind, machen Sie immer zuerst einen Probeknödel. Mit ihm können Sie überprüfen, ob die Konsistenz passt – und vor allem, ob der Knödel auch schmeckt.

Perfekt abdrehen

Grundsätzlich werden die meisten Knödelteige mit angefeuchteten Händen abgedreht. Wichtig hierbei ist aber, dass die Hände nicht zu nass sind. Denn nur mit angefeuchteten Händen bekommt man ein gutes Gefühl für die Konsistenz. Ist die Masse zu kompakt geraten, kann man sich mit Milch oder einer anderen passenden Flüssigkeit behelfen. Wenn der Teig zu weich ist, kann der Probeknödel beim Kochen zerfallen. Um wieder mehr Festigkeit zu bekommen, hilft die Zugabe von Semmelbröseln. Mehl funktioniert zwar auch, aber wegen der Stärke kann der Knödel mit zu viel Mehl klebrig werden. Beim Abdrehen sollten die Knödel fest zusammengedrückt werden.

Knödelwissen kompakt – unsere Tipps für gelungenen Knödelgenuss

Die Oberfläche muss am Ende schön glatt und der Teig ohne Risse sein, damit der Knödel beim Kochen keine Angriffsfläche bietet. Denn durch Risse dringt Wasser ins Innere, was den Knödel auseinanderfallen lässt. Dies kann auch passieren, wenn die Zutaten zu grob sind. Deshalb diese immer klein geschnitten dazugeben.

Apropos Kochen: Auch wenn jeder vom „Knödelkochen“ spricht, ist das nicht ganz richtig. Brodelt das Wasser, wird selbst aus dem perfekten Teig kein schöner Knödel. Er sollte im heißen Wasser seine Zeit bekommen, um gar zu werden. Deshalb: Bevor Sie die Knödel ins Wasser geben, schalten Sie die Hitze einen Gang zurück. Achten Sie darauf, dass das Wasser keine Blasen mehr wirft, wenn sie die Teiglinge hineingeben. Es sollte nur noch schwach wallend köcheln, also sieden.

Wenn Ihr Topf etwas zu klein ist und die Knödel nicht genügend Platz zum freien Schwimmen haben, rütteln Sie ab und zu am Kochtopf. So mischen Sie die Knödel gut durch und Knödel, die unten festhängen, kommen nach oben.

Das Wasser sollte gesalzen sein. Bei der richtigen Menge Salz braucht man etwas Fingerspitzengefühl. Geben Sie etwas Salz hinein und probieren Sie es. Wenn das Wasser leicht salzig schmeckt, ist es genau richtig. Selbst bei süßen Knödeln kommt ein wenig Salz ins Wasser, weil dies den Geschmack runder macht. Als natürliche Geschmacksverstärker können Sie statt Salz auch eine Tasse Brühe oder andere Flüssigkeiten ins Wasser geben. Bei den Münchner Knödeln würzen wir zum Beispiel das Kochwasser mit etwas Bier. Rote-Bete-Saft im Wasser lässt unsere Rote-Bete-Knödel erst in der richtigen Farbe erstrahlen. Passende Wasserzusätze sind bei den entsprechenden Knödeln auch Bananen- oder Apfelsaft.

Passender Topf und richtige Garzeit

Nehmen Sie einen genügend großen, breiten, aber niedrigen Topf, damit die Knödel schwimmen können. Die Garzeit hängt immer von der Größe beziehungsweise vom Gewicht ab (siehe Grafik rechts). Etwa 80 Gramm schwere Knödel benötigen schwimmend im

Wasser 12 bis 15 Minuten. Bei leichteren Knödeln ist etwas weniger Zeit und bei schweren Teigkugeln sind ein paar Minuten mehr nötig.

Achten Sie darauf, dass Knödel mit einer Füllung diese immer komplett einhüllen. Legen Sie deshalb zum Beispiel Früchte so auf den Teig, dass nach dem Knödelrollen die Öffnung komplett verschlossen ist. Durch Öffnungen dringt nämlich Wasser ein, was einen faden Geschmack nach sich zieht. Zudem könnten die Knödel dann beim Garen zerfallen.

Wenn Sie sich an diese Zubereitungsschritte halten, ist Knödelkochen eigentlich ganz leicht. Und lassen Sie sich nicht davon abschrecken, wenn ein Knödel mal zu hart oder weich wird.

Warum schwimmen Knödel, wenn sie gar sind?

Der wohl geläufigste Tipp beim Knödelkochen lautet: Ob Knödel fertig sind, erkennt man daran, dass sie im Wasser aufschwimmen. Doch warum ist das so? Beim Vermengen der Knödelmasse gelangen kleine Luftblasen in den Teig. Da sich Luft unter Wärmeeinfluss ausdehnt, bekommen die Knödel nach einiger Zeit im Wasser Auftrieb, weil ihre Dichte abnimmt. Deshalb sind sie spätestens nach Ablauf der Garzeit an die Wasseroberfläche gestiegen.

Knödel à 40–60 g
für Suppen oder als Vorspeise
10–12 Minuten Garzeit

Knödel à 80 g
als Sättigungsbeilage
12–15 Minuten Garzeit

Knödel à 100 g
als Hauptgericht
15–20 Minuten Garzeit

Knödel à 220 g
für extra Hungrige
ca. 30 Minuten Garzeit

Der Knödel im Dienste der Umwelt – das wohl nachhaltigste Gericht

Werden Knödel gekocht, so darf man sie nicht zählen, heißt es in vielen Gegenden im Volksmund. Das bringe Unglück. Auch dieser Aberglaube hat wie so oft einen wahren Kern. Denn Knödel gab es in früheren kargen Zeiten selbst dann immer in ausreichender Menge, wenn andere Speisen schon längst knapp portioniert waren. Und wenn dem Hungrigen schon jeder gegessene Knödel vorgerechnet werden musste, dann konnte es wirklich keine gute Zeit sein. So zeigte Volkes Stimme schon vor langer Zeit, was heute in aller Munde ist: Der Knödel ist wohl das nachhaltigste aller Gerichte.

Die nahrhaften Klumpen waren schließlich eines der ersten haltbaren Lebensmittel. Zuerst wurde vermutlich Brei, der beim Essen übrig blieb, zusammengepresst. So konnten die kleinen Kugeln auch auf Wanderungen mitgenommen werden. Aber auch für den sesshaften Menschen war der Knödel neben dem Brei und der Suppe eines der wichtigsten Nahrungsmittel. Schließlich bot er eine einfache Art, alle möglichen in der Speisekammer vorhandenen Essensreste zu einem schmack- und nahrhaften Gericht zu verwerten. Gerade im bäuerlichen Alpenraum von Südbayern bis Südtirol spielten Knödel deshalb die Hauptrolle auf der Speisekarte – und das sogar beinahe täglich.

Kaufen Sie regional UND saisonal

Regionalität ist ein weiterer, gerade im heutigen Bewusstsein besonders wichtiger Aspekt der Nachhaltigkeit, den Knödel in ihren vielfältigsten Ausprägungen perfekt verkörpern. Lokale Variationen des beliebten Gerichts hatten früher vor allem damit zu tun, was in unterschiedlichen Gegenden angebaut werden konnte. Und saisonale Erntezyklen prägten je nach Jahreszeit die heimische Küche. So können wir aus der Knödelgeschichte viel für einen nachhaltigen Umgang mit Lebensmitteln in unserer Küche lernen.

Was bedeutet es genau, nachhaltig zu kochen? Hier geht es darum, beim Einkauf, bei der Zubereitung und ganz allgemein beim Umgang mit Lebensmitteln immer die ressourcen- und klimafreundlichste Variante zu wählen – also diejenige, die die wenigsten negativen Einflüsse auf die Umwelt hat. Und das beginnt bereits bei der Einkaufsliste. Gerade bei Knödelgerichten bietet es sich an, regionale und saisonale Produkte zu verwenden. Wenn die Zutaten von einem Bauern aus der Umgebung stammen, wird die regionale Landwirtschaft unterstützt und lange Transportwege, die zu hohen CO_2-Emissionen beitragen, entfallen. Und wer Lebensmittel kauft, die gerade Saison haben und deshalb im Freilandanbau produziert werden,

Es muss jeder selbst wissen, wie weit er gehen will, um auch in der Küche immer nachhaltiger zu werden. Sicher ist jedoch: Schon kleine Entscheidungen leisten einen Beitrag – im Falle von Knödeln auch noch einen sehr köstlichen!

schont oft nicht nur den eigenen Geldbeutel, sondern vermeidet auch hohe Energiekosten für beheizte Gewächshäuser und Lagerhallen. Deshalb ein Tipp: Holen Sie sich die Zutaten für Ihr Knödelgericht – soweit möglich – auf einem Wochenmarkt. Dort sehen Sie sofort, was gerade Saison hat. Und wenn der Supermarkt die einzige Einkaufsmöglichkeit ist, vermeiden Sie nach Möglichkeit die importierten Waren. Selbstverständlich sollte sein, auf unnötige Verpackungen – vor allem aus Plastik oder Verbundmaterial – zu verzichten.

Vegetarische Knödelgerichte bieten viel Abwechslung, wenn etwas weniger Fleisch auf den heimischen Tisch kommen soll. Der Land- und Wasserverbrauch zur Produktion von Fleisch ist wesentlich höher als bei pflanzlichen Lebensmitteln. Und wer bei Letzteren auf Bio-Qualität setzt, unterstützt eine Form der Lebensmittelproduktion, die umweltverträglicher als die konventionelle Landwirtschaft ist.

Kluge Resteverwertung

Eine wichtige Rolle bei der Nachhaltigkeit spielt die Essensplanung. Laut dem Ernährungsreport 2021 des Bundesministeriums für Ernährung und Landwirtschaft werden in Deutschland pro Kopf und Jahr 75 Kilogramm Lebensmittel weggeworfen. Und die meisten davon wären noch genießbar. Knödel sind hier perfekte „Resteverwerter", enthalten sie doch oft Brot als Grundlage. Pro Kilogramm weggeworfenes Brot werden zwei Quadratmeter Ackerfläche umsonst bewirtschaftet und etwa 1600 Liter Wasser verschwendet. Viele weitere Lebensmittel lassen sich mehrfach verwerten. Aus Gemüseschalen zum Beispiel kann man einen Gemüsefond kochen. So haben Sie schon eine gute Basis und es ist definitiv besser, einen Fond als nur Wasser zu verwenden. Bei der Bratensauce können Sie nach der Fertigstellung von der Knochen- und Gemüsemischung einen sogenannten zweiten Aufguss zubereiten. So haben Sie für die nächste Bratensauce schon eine sehr gute Grundbasis.

Schritt für Schritt – so gelingen (Semmel-)Knödel perfekt

1. Am besten Toastbrot für den Knödelteig verwenden. Das Brot in kleine Würfel schneiden, dabei kann die Rinde ruhig dranbleiben.

2. Brotwürfel, Eier, Quark, Mehl, Semmelbrösel und Petersilie in eine Schüssel geben und den Milch-Zwiebel-Mix dazugießen. Die Knödelmasse etwas stärker würzen, da durch das Kochen immer Geschmack verloren geht.

3. Alle Zutaten gut durchmischen. Eine Hand bleibt an der Schüssel, die andere vermengt von außen nach innen. Mit der sauberen Hand kann man gegebenenfalls nachwürzen. Masse vor dem Abdrehen kurz ruhen lassen.

4. Zuerst einen Probeknödel mit angefeuchteten (nicht nassen!) Händen abdrehen, um zu testen, ob die Konsistenz bzw. der Geschmack passt. Ist der Knödel zu kompakt, etwas Milch hinzufügen.

5. Mit einer Kelle den Knödel vorsichtig in siedendes (!) Wasser geben. Zerfällt der Probeknödel beim Kochen, Semmelbrösel oder Mehl dazugeben. Vorsicht: Nicht zu viel Mehl nehmen, sonst wird die Masse klebrig.

6. Beim Abdrehen die Knödel fest zusammendrücken. Die Oberfläche muss schön glatt sein, um beim Kochen keine Angriffsfläche zu bieten.

7. Die Knödel sollten beim Garen genügend Platz im Topf haben. Sollte dies nicht der Fall sein, ab und zu am Kochtopf rütteln – so kommen die Knödel von unten nach oben und umgekehrt.

8. Die Semmelknödel sind je nach Größe nach 12 bis 20 Minuten gar (siehe S. 19). Die Knödel mit einem Schaumlöffel vorsichtig aus dem Kochwasser heben, abtropfen lassen und nach Rezept weiterverwenden.

Von Kartoffelknödel bis veganem Knödel – unsere kleine Knödelkunde

Kartoffelknödel

Das Wichtigste für einen gelungenen Kartoffelknödel sind die richtigen Kartoffeln: Mehligkochend sollten sie sein. Die Herstellung der Knödel unterscheidet sich regional. Als Basis dienen entweder rohe, gekochte Kartoffeln oder eine Mischung aus beidem, das sind dann die sogenannten halbseidenen Knödel. Im Thüringer Wald gibt es sogar ein Rezept für Knödel aus Kartoffelpüree, Zampe genannt, und Kartoffelstärke. Rohe Kartoffelknödel, in Bayern auch Reiberknödel oder im Osten grüne Klöße genannt, sind im Biss etwas körnig und haben eine leicht glasige Oberfläche. Da Kartoffeln viel Flüssigkeit enthalten, muss die Masse aus geriebenen rohen Kartoffeln erst abtropfen und sollte etwas ruhen, bevor sie verwendet wird. Für Knödel aus gekochten Kartoffeln sollten Sie die Kartoffeln noch im Backofen ausdämpfen lassen. Eine alte Küchenweisheit sagt: Ist das Wetter feucht, benötigt die Knödelmasse weniger Feuchtigkeit, bei trockenem Wetter etwas mehr.

Semmelknödel

Brot, Eier, Milch und Mehl – der klassische Semmelknödel ist der typische Knödel des Alpenraums, da seine Zutaten auf jedem Bauernhof vorkommen. Auch wenn für den Teig alle Brotreste verwendet werden können, empfehlen wir für fast alle Rezepte die feine Variante, das Toastbrot. Der Grund ist seine Saugfähigkeit. Fertig zu kaufendes Knödelbrot ist durch die maschinelle Trocknung sehr trocken. Dadurch braucht man für seine Verarbeitung mehr Flüssigkeit. Die Saugfähigkeit ist auch beim Mehl von Bedeutung. Ein doppelgriffiges Mehl, auch als Spätzlemehl erhältlich, kann sehr gut Flüssigkeiten aufsaugen und binden. Es ist dadurch sehr quellfähig. Auch wichtig: Wir verwenden für Knödel Eier der Größe M. Bei Gewürzen machen wir keine genauen Mengenangaben, da sich sowohl ihre Intensität je nach Qualität unterscheidet als auch das Geschmacksempfinden unterschiedlich ist. Bei Spezialknödeln auf Basis von Semmelknödelteig sollten Sie aber beachten, dass zum Beispiel ein Spinatknödel mehr Salz braucht als ein Speckknödel, da der Speck bereits sehr würzig ist.

Brezenknödel

Sie sind die bayerische Edelvariante des Semmelknödels. Dabei werden auch Brezenknödel aus Brotresten zubereitet, nämlich aus Laugengebäck. Die verwendeten Brezen sollten bereits ein oder zwei Tage alt sein. Achten Sie bei der Verarbeitung darauf, das Salz vom Gebäck soweit möglich zu entfernen, damit der Knö-

del nicht zu salzig wird. Auch beim Salzen des Teigs ist Fingerspitzengefühl gefragt.

Böhmische Knödel

Machen wir einen Abstecher nach Tschechien: Böhmische Knödel sind Mehlklöße, die aus einem grob gemahlenen, doppelgriffigen Weizenmehl hergestellt werden. Aus Eiern, Milch, Salz und Hefe oder Backpulver wird der Hefeteig angesetzt. Die typischen länglichen Laibe dürfen erst nach einer etwa zweistündigen Ruhezeit der Knödelmasse geformt werden. Gegart wird der böhmische Knödel entweder direkt im Wasser oder im Wasserdampf. Das spezielle Mehl sorgt übrigens für die charakteristische, saugfähige Oberfläche der aufgeschnittenen böhmischen Knödel, die viel Sauce aufnehmen. Damit die Saugfähigkeit noch erhöht wird, sollten böhmische Knödel immer nur mit dem Messerrücken oder sogar mit einem Zwirnsfaden „geschnitten" werden. So bleibt die Oberfläche schön rau.

Serviettenknödel

Serviettenknödel bestehen meist aus einer Teigmasse, die den Semmelknödeln ähnelt, werden aber in ihrer Form wie böhmische Knödel zubereitet. Im Gegensatz zu diesen wandern sie aber in ein Tuch geschlagen ins heiße Wasser. Natürlich können Sie dafür auch Frischhalte- oder Alufolie verwenden, ein wiederverwendbares Tuch ist allerdings umweltfreundlicher. Das Geschirrtuch sollte ohne Verwendung von Seife oder Waschmitteln gewaschen, sondern nur ausgekocht worden sein. Dieses Tuch wird mit Butter bestrichen und wenn der Teig eingewickelt ist, mit einem Garn zugebunden. Nach dem Garen brauchen Serviettenknödel einige Minuten Ruhezeit.

Vegane Knödel

Grundsätzlich gilt: Alle tierischen Zutaten müssen hier durch vegane Alternativen ersetzt werden. Am leichtesten geht das beim Kartoffelknödel. Bis auf Ei und Butter entsprechen alle Zutaten sowieso veganen Kriterien, wenn der Anbau bereits nach veganen Prinzipien erfolgt ist. Das heißt, dass auf Düngemittel aus tierischer Herkunft und die Bekämpfung tierischer Schädlinge verzichtet wurde. Als Butterersatz dient pflanzliche Margarine. Statt Eiern können Sie Ei-Ersatzpulver verwenden, es besteht oft aus Maisstärke und Süßlupinenmehl. Aber auch Stärkemehl oder Sojamehl eignen sich für den Ei-Ersatz, wenn die Zutaten mit Wasser angerührt werden. Bei Semmel-, Brezen- und böhmischen Knödeln müssen Eier und Milch ersetzt werden. Milchersatz aus Kokos und Nüssen ist hier gut geeignet.

Kartoffelknödel

Für 10–12 Knödel:

1,2 kg mehligkochende Kartoffeln
Salz
100 g Kartoffel- oder Speisestärke
2 Eigelb
3 EL braune Butter (siehe Tipp)
frisch geriebene Muskatnuss
2 Scheiben Toastbrot
1–2 EL Butter

Außerdem (nach Belieben):
ca. 50 g Butter
Semmelbrösel zum Garnieren

Zubereitungszeit:
ca. 85 Minuten

Die Kartoffeln mit der Schale waschen und in reichlich Salzwasser weich garen. Den Backofen auf 100 °C vorheizen. Kartoffeln abgießen und möglichst heiß pellen, dann im Ofen etwa 15 Minuten ausdampfen lassen.

Kartoffeln durch die Kartoffelpresse drücken. Von der Masse 1 kg abwiegen, mit Kartoffelstärke, Eigelben, brauner Butter, Salz und etwas Muskatnuss zu einem glatten Knödelteig verarbeiten. Falls die Masse zu feucht ist, noch mit etwas Kartoffelstärke nacharbeiten, nicht mit Mehl.

Das Toastbrot in 1 cm große Würfel schneiden und in der Butter goldbraun rösten. Vom Knödelteig tennisballgroße Mengen abnehmen und zu Kugeln formen. Jeden Knödel etwas flach drücken, jeweils einige Brotwürfel in die Mitte geben, den restlichen Teig über der Füllung zusammenklappen und zu Knödeln formen.

Kartoffelknödel in siedendem Salzwasser gar ziehen lassen. Zum Servieren die Kartoffelknödel nach Belieben mit in Butter goldbraun gerösteten Semmelbröseln bestreuen.

Braune Butter:

Butter in einem kleinen Topf bei mittlerer Hitze zerlassen und langsam erhitzen, bis sie goldbraun ist und ein nussiges Aroma hat. Den Topf vom Herd nehmen und die Butter durch ein mit Küchenpapier ausgelegtes Sieb gießen. Es lohnt sich, gleich eine größere Menge zu machen (also z.B. aus 250 g Butter), denn die braune Butter hält sich in einem Schraubglas im Kühlschrank mehrere Wochen. Sie verfeinert nicht nur Knödel, sondern auch Saucen, gedämpftes Gemüse und Süßspeisen.

Münchner Semmelknödel

Für 15 Knödel:

500 g Toastbrot
150 g Butter
1 Zwiebel
1 Knoblauchzehe
125 ml Milch
Salz, Pfeffer aus der Mühl
frisch geriebene Muskatnuss
1 Bund Petersilie
6 Eier
250 g Speisequark (40 % Fett)
60 g Mehl
100 g Semmelbrösel

Zubereitungszeit:
ca. 45 Minuten

Backofen auf 180 °C vorheizen. Das Toastbrot in feine Würfel schneiden. Die Hälfte davon auf ein Backblech geben und 75 g Butter darauf verteilen. Brotwürfel im Ofen auf der mittleren Schiene etwa 12 Minuten goldbraun rösten.

Zwiebel und Knoblauch schälen und in feine Würfel schneiden. Restliche Butter in einer Pfanne erhitzen, die Zwiebel und den Knoblauch darin andünsten. Milch dazugießen, mit Salz, Pfeffer und Muskatnuss würzen und kurz aufkochen.

Petersilie waschen und trocken schütteln, die Blätter abzupfen und fein hacken. Geröstete und ungeröstete Brotwürfel, Eier, Quark, Mehl, Semmelbrösel, Petersilie und Milch-Zwiebel-Mix in einer Schüssel gut vermengen.

Aus der Masse mit angefeuchteten Händen Knödel abdrehen und in siedendem Salzwasser gar ziehen lassen. Herausheben und abtropfen lassen.

Gut zu wissen:

Die Zwiebel sollten Sie immer fein schneiden und nicht hacken. Denn wenn gehackte Zwiebeln zu lange stehen, treten die Bitterstoffe hervor und das wirkt sich negativ auf den Geschmack der Knödel aus.
Knödel lassen sich auch gut einfrieren – allerdings sollten Sie immer die rohen Knödel einfrieren, denn durch jeden weiteren Kochvorgang verlieren die Knödel an Geschmack. Auch die Konsistenz leidet beim erneuten Erhitzen im Wasserbad.

Brezenknödel

Für 12–13 Knödel:

10 Brezen (vom Vortag)
1 Zwiebel
1 Knoblauchzehe
35 g Butter
300 ml Milch
Salz, Pfeffer aus der Mühle
frisch geriebene Muskatnuss
½ Bund Petersilie
75 g Speisequark (40 % Fett)
4 Eier

Zubereitungszeit:
ca. 1 Stunde (inkl. 15 Minuten Ziehzeit)

Die Brezen in dünne Scheiben schneiden und in eine Schüssel geben. Die Zwiebel und den Knoblauch schälen und in feine Würfel schneiden.

Die Butter in einer Pfanne erhitzen, Zwiebel und Knoblauch darin andünsten. Die Milch dazugießen, mit Salz, Pfeffer und Muskatnuss würzen und kurz aufkochen. Den Milch-Zwiebel-Mix über die Brezen gießen und die Masse etwa 15 Minuten ziehen lassen.

Petersilie waschen und trocken schütteln, die Blätter abzupfen und fein hacken. Mit Quark und Eiern zur Brezenmasse geben und alles zu einem Teig vermengen.

Aus der Masse mit angefeuchteten Händen Knödel abdrehen und in siedendem Salzwasser gar ziehen lassen.

Mal anders:

Die Masse lässt sich auch als Rolle geformt garen (siehe Serviettenknödel S. 34). Oder Sie bereiten ein Brezenknödel-Soufflé daraus zu: Dafür die Eier trennen und die Eiweiße zu steifem Schnee schlagen. Eigelbe mit den anderen Zutaten unter die Brezenmasse mischen, den Eischnee zuletzt unterheben. Eine Souffléform einfetten und die Masse einfüllen, sodass nach oben hin noch etwa ein Drittel Platz bleibt. Das Soufflé im Backofen bei 175 °C (Heißluft) auf der mittleren Schiene goldbraun backen. Die Backzeit hängt von der Größe der Form ab.

Böhmische Knödel

Für 2 Stangen:

1 Semmel (vom Vortag)
500 g doppelgriffiges Mehl
Salz
1 Ei
10 g frische Hefe
Zucker

Zubereitungszeit:

1–1 ¼ Stunden (inkl. 45 Minuten Ruhezeit)

Die Semmel in feine Würfel schneiden. In einer Schüssel Mehl mit 1 Prise Salz mischen. In der Mitte eine Mulde bilden, das Ei aufschlagen und in die Mulde gleiten lassen. Zerbröckelte Hefe und 1 Prise Zucker dazugeben, ¼ l lauwarmes Wasser in die Mulde gießen.

Das Ei mit einer Gabel leicht mit Wasser und Hefe verquirlen und diesen Vorteig an einem warmen Ort zugedeckt 15 Minuten ruhen lassen.

Dann das Mehl mit einarbeiten und die Masse zu einem weichen Teig kneten, zuletzt die Semmelwürfel unterkneten. Teig zugedeckt an einem warmen Ort etwa 30 Minuten gehen lassen.

Aus dem gegangenen Teig 2 Stangen formen, die in einen größeren Topf passen. Aber Achtung, die Knödelmasse wird während des Garens noch größer! Die Knödelstangen in kochendes Salzwasser legen, die Hitze etwas reduzieren und die Knödel etwa 18 Minuten ziehen lassen, dabei nach der Hälfte der Zeit wenden.

Die gegarten Knödelstangen aus dem Wasser heben und sofort über die gesamte Länge in regelmäßigen Abständen mit einer Gabel anstechen, damit der Dampf aus den Knödelstangen entweichen kann. Die böhmischen Knödel zum Anrichten in 1 bis 1 ½ cm dicke Scheiben schneiden.

Perfekter Begleiter:

Die böhmischen Knödel sind eine klassische Beilage in der tschechischen Küche, die perfekt zu Saucen, Gulasch und Wildgerichten passt. Servieren Sie die Hefeknödel zum Beispiel zu unserem Ragout von der bayerischen Ente (siehe S. 100) oder zum niederbayerischen Wildragout (siehe S. 101).

Serviettenknödel

Für 2 Stangen:

500 g Toastbrot
150 g Butter
1 Zwiebel
1 Knoblauchzehe
1 Bund Petersilie
125 ml Milch
Salz, Pfeffer aus der Mühle
frisch geriebene Muskatnuss
5 Eier
60 g Mehl

Zubereitungszeit:
ca. 1 Stunde

Backofen auf 180 °C vorheizen. Das Toastbrot in feine Würfel schneiden. Die Hälfte davon auf ein Backblech geben und 75 g Butter darauf verteilen. Brotwürfel im Ofen auf der mittleren Schiene etwa 12 Minuten goldbraun rösten.

Zwiebel und Knoblauch schälen und in feine Würfel schneiden. Petersilie waschen und trocken schütteln, die Blätter abzupfen und fein hacken.

Die restliche Butter in einer Pfanne erhitzen. Zwiebel und Knoblauch darin andünsten. Petersilie kurz mit anrösten. Milch dazugießen, mit Salz, Pfeffer und Muskatnuss würzen und kurz aufkochen.

Die Eier trennen und die Eiweiße steif schlagen.

Geröstete und ungeröstete Brotwürfel, Eigelbe, Mehl und Milch-Zwiebel-Mix in eine Schüssel geben und zu einem Teig vermengen. Den Eischnee vorsichtig unterheben. Aus der Masse mit angefeuchteten Händen Rollen von 5 bis 6 cm Durchmesser formen und einzeln auf hitzebeständige Frischhaltefolie oder auf ein gebuttertes Küchentuch geben. Fest einrollen und an den Enden wie eine Wurst abbinden. Die Rollen in leicht siedendes Wasser legen und 30 bis 40 Minuten gar ziehen lassen.

Perfekt geschnitten:

Einzelne Scheiben immer mit dem Messerrücken von der Serviettenknödel-Rolle herunterschneiden, dadurch erhalten sie eine raue Oberfläche und der Knödel nimmt mehr Sauce auf. So ist der Serviettenknödel die perfekte Beilage für saucenreiche Gerichte wie Schweine- oder Kalbsrahmbraten.

Vegane Semmelknödel

Für 10–12 Knödel:

10 Semmeln (vom Vortag)
1 Bund Petersilie
1 Zwiebel
2 TL pflanzliches Öl
300 ml Sojamilch
Salz, Pfeffer aus der Mühle
frisch geriebene Muskatnuss

Zubereitungszeit:
ca. 45 Minuten (inkl. Ruhezeit)

Die Semmeln in kleine Stücke schneiden und in eine Schüssel geben. Die Petersilie waschen und trocken schütteln, die Blätter abzupfen und fein hacken.

Die Zwiebel schälen, in feine Würfel schneiden und im Öl glasig andünsten. Die Petersilie dazugeben, mit der Sojamilch aufgießen, mit Salz, Pfeffer und Muskatnuss würzen und aufkochen lassen. Kurz ruhen lassen.

Den Sojamilch-Zwiebel-Mix zu den Semmeln in die Schüssel geben und alles zu einem Teig vermengen.

Aus der Masse mit angefeuchteten Händen Knödel abdrehen und in siedendem Salzwasser gar ziehen lassen.

Gut zu wissen:

Bei den veganen Semmelknödeln sollten Sie auf alle Fälle immer einen Probeknödel formen und kochen. Sollte der Probeknödel nicht halten, können Sie etwas Sojamehl zur Knödelmasse geben. Vegane Semmelknödel passen als Begleiter oder auch Hauptakteur zu allen (veganen) Gerichten, die sonst mit klassischen Semmelknödeln serviert werden.

Runde Köstlichkeiten aus der Patentküche der Münchner Knödelei

Die Kochkunst ist eine Liebesgeschichte, heißt es. Die Köche der Münchner Knödelei auf dem Oktoberfest zeigen in besonderer Weise ihre Liebe zum Knödel. Sie vereinen bewährtes Küchenhandwerk mit Kreativität und Leidenschaft für gesunde und schmackhafte Zutaten. Dabei entstehen Küchenkreationen, die jedes Jahr aufs Neue die Gäste verzaubern – und die auf außergewöhnliche Art ausgezeichnet werden: Die Köche erhalten für ihre neuen Rezepte eigene „Knödel-Patente", die ihren Erfindergeist mit einem Augenzwinkern würdigen.

Der Weißwurstknödel

Der Komiker Karl Valentin (1882–1948) war oft Gast im ehemaligen Wagner Bräu, in dessen Räumlichkeiten sich heute das „Wirtshaus in der Au" befindet. Er bedauerte einst, dass die Münchner Weißwurst aufgrund ihrer zwei (Wurst-)Enden nicht nur eine räumliche Begrenzung hat. Zudem darf man sie laut Tradition nur bis 12 Uhr mittags verzehren. Der Weißwurstknödel, 2005 erfunden, schafft hier Abhilfe: Er erlaubt dank seiner Form einen Genuss rund um die Uhr.

Der Original Münchner Knödel

Gleich drei Botschafter bayerischer Gastlichkeit vereint der Original Münchner Knödel in sich: knusprige Brezen, würzigen Schweinebraten und süffiges Oktoberfestbier. Er wurde 2007 nicht nur mit dem Spaß-Patent der Knödelei versehen. Es ist auch offiziell beim Deutschen Patentamt als Wort-Bild-Marke geschützt und darf daher ausschließlich in der Knödelei unter diesem Namen serviert werden.

Der Münchner Bratwurstknödel

2013 ging es wieder um die Wurst. Die musste erst einmal aus der Haut fahren, bis sich ihr würziger Charakter mit dem bodenständigen Semmelknödel verbandeln konnte.

Der Wasabiknödel

Eine bayerisch-japanische Freundschaft wurde 2014 mit dem Wasabiknödel auf dem Oktoberfest zelebriert. Rund wie ein Sumoringer und scharf wie ein Samuraischwert präsentiert sich diese Knödelkreation auf dem Teller.

Der Luis-Trenker-Knödel

Südtiroler-bayerische Allianz war das Motto der Münchner Knödelei auf dem Oktoberfest 2017. Dazu wurde der Luis-Trenker-Knödel kreiert, der die Südtiroler Würze der Kaminwurzen mit dem gemütlichen Charme eines bayerischen Semmelknödels vereint.

Wirtshaus
in der Au

SUPPEN

Speckknödelsuppe

Für 12–14 Knödel:

250 g Toastbrot
100 g Butter
1 Zwiebel
1 Knoblauchzehe
½ Bund Petersilie
200 g Bauchspeck (in Würfeln)
60 ml Milch
Salz, Pfeffer aus der Mühle
frisch geriebene Muskatnuss
3 Eier
125 g Speisequark
60 g Mehl

Außerdem:
1 Rezept Rindfleischbrühe (siehe S. 44)

Zubereitungszeit:
ca. 45 Minuten (ohne Zubereitung der Brühe)

Die Rindfleischbrühe wie im Rezept auf S. 44 beschrieben zubereiten.

Inzwischen für die Speckknödel den Backofen auf 180 °C vorheizen. Das Toastbrot in feine Würfel schneiden. Die Hälfte davon auf ein Backblech geben und 70 g Butter darauf verteilen. Brotwürfel im Ofen auf der mittleren Schiene etwa 12 Minuten goldbraun rösten.

Die Zwiebel und den Knoblauch schälen und in feine Würfel schneiden. Die Petersilie waschen und trocken schütteln, die Blätter abzupfen und fein hacken. Den Bauchspeck in einer Pfanne ohne Fett knusprig braten, dabei darauf achten, dass er nicht zu dunkel wird.

Das ausgelassene Fett in eine zweite Pfanne gießen und mit der restlichen Butter erhitzen. Die Zwiebel und den Knoblauch darin andünsten. Die Petersilie kurz mit anrösten. Die Milch dazugießen, mit Salz, Pfeffer und Muskatnuss würzen und kurz aufkochen.

Geröstete und ungeröstete Brotwürfel, Eier, Quark, Mehl, Speck und Milchmischung in eine Schüssel geben und zu einem Teig vermengen. Aus der Masse mit angefeuchteten Händen Knödel abdrehen und im siedendem Salzwasser gar ziehen lassen.

Knödel mit der Rinderbrühe in Suppentellern anrichten.

Ein Knödel, dreimal anders:

Speckknödel sind nicht nur eine aromatische Suppeneinlage. Auf Sauerkraut und mit Bratensauce serviert, wird daraus ein würziges Hauptgericht. Oder bereiten Sie daraus den Knödel-Haxn-Salat von S. 56 zu.
Für Schinkenknödel ersetzen Sie den Speck durch 200 g gekochten Schinken und würzen die Knödelmasse noch zusätzlich mit 1 Prise gemahlenem Piment.

Leberknödelsuppe

Leberknödel
Für 12–14 Knödel:

125 g Toastbrot
150 g Rinderleber
50 g Rindfleisch (aus der Schulter)
1 Zwiebel
1 Knoblauchzehe
½ EL Öl
2 Eier
60 g Semmelbrösel
abgeriebene Schale von
1 Bio-Zitrone
Salz, Pfeffer aus der Mühle
getrockneter Majoran

Zubereitungszeit:
ca. 1 Stunde (inkl. 30 Minuten Ruhezeit)

Die Toastbrotscheiben in einer Schüssel in etwas Wasser kurz einweichen, ausdrücken und mit der Rinderleber und dem Rindfleisch durch den Fleischwolf in eine Schüssel drehen (wer keinen Fleischwolf besitzt, kann Leber und Rindfleisch bereits beim Metzger durchdrehen lassen).

Die Zwiebel und den Knoblauch schälen und in feine Würfel schneiden. Das Öl in einer kleinen Pfanne erhitzen, Zwiebel und Knoblauch darin glasig andünsten und in die Schüssel geben. Die Eier, Semmelbrösel, Zitronenschale, Salz, Pfeffer und 1 Prise Majoran hinzufügen und alles gut vermengen. Die Masse soll saftig sein, muss aber die Knödelform halten können. Ggf. zum Testen einen kleinen Probeknödel formen.

Die Leberknödelmasse im Kühlschrank 30 Minuten ziehen lassen. Danach aus der Masse mit angefeuchteten Händen Knödel abdrehen und in siedendem Salzwasser oder direkt in der Rindfleischbrühe gar ziehen lassen.

Rindfleischbrühe
Zutaten für 4 Personen:

1 kg Rindfleisch (z.B. flache Schulter, Brust, Tafelspitz)
1 Zwiebel
1 Bund Suppengrün (Lauch, Knollensellerie, Karotten, Petersilie)
1 Fleischtomate
2 getrocknete Lorbeerblätter
4 weiße Pfefferkörner
3 Wacholderbeeren
Salz

Zubereitungszeit:
ca. 2 ½ Stunden

Das Rindfleisch in einen großen Topf geben, mit kaltem Wasser auffüllen, langsam zum Kochen bringen und das Fleisch offen etwa 1 Stunde leicht köcheln lassen.

Inzwischen die Zwiebel halbieren und in einer Pfanne ohne Fett auf den Schnittflächen braun rösten. Das Suppengrün waschen, putzen und in grobe Stücke schneiden. Die Tomate waschen und ebenfalls grob zerkleinern.

Das Gemüse und die Gewürze zum Fleisch in den Topf geben und alles etwa 1 ½ Stunden weitergaren. Sobald sich das Fleisch kernig-weich durchstechen lässt, ist es fertig und kann herausgenommen werden. Die Brühe durch ein Passiertuch abseihen.

Die Rindfleischbrühe mit den Leberknödeln in tiefen Tellern anrichten.

Das gekochte Fleisch aus der Suppe können Sie als Suppeneinlage verwenden, oder auch für unseren Dönerknödel *(siehe S. 144)* *oder zu einem Rindfleischsalat verarbeiten.*

Tomaten-Peperoni-Suppe mit Basilikumknödel

Basilikumknödel
Für 8–9 Knödel:

40 g weiche Butter
2 Eier
175 g Speisequark (40 % Fett)
1 Bund Basilikum
1 EL Olivenöl
75 g Weichweizengrieß
25 g Semmelbrösel
Salz, Pfeffer aus der Mühle
frisch geriebene Muskatnuss

Zubereitung:
ca. 1 Stunde (inkl. 30 Minuten Ruhezeit)

Für die Basilikumknödel die Butter in einer Schüssel schaumig rühren, die Eier langsam nach und nach dazugeben. Dann den Quark gut unterrühren.

Das Basilikum waschen, trocken schütteln und die Blätter abzupfen. Mit dem Olivenöl zu einer Paste mixen, aber nicht zu lange, da durch die Reibung Wärme entsteht und das Basilikum dadurch braun werden kann.

Die Basilikumpaste, den Grieß und die Semmelbrösel zur Quarkmasse geben. Alles mit Salz, Pfeffer und Muskatnuss würzen und zu einer homogenen Masse vermengen.

Die Knödelmasse etwa 30 Minuten ruhen lassen. Dann aus der Masse mit angefeuchteten Händen 8 bis 9 Knödel abdrehen und in siedendem Salzwasser gar ziehen lassen.

Tomaten-Peperoni-Suppe
Für 4 Personen:

1 Zwiebel
2 Knoblauchzehen
4 EL Olivenöl
2 EL Tomatenmark
1 EL rote Currypaste
400 ml Gemüsebrühe
900 g Fleischtomaten (frisch oder gehackt aus der Dose)
1–2 rote Peperoni
80 ml Kokosmilch
200 g Sahne
Salz, Pfeffer aus der Mühle
Zucker

Zubereitung:
ca. 1 Stunde

Die Zwiebel und den Knoblauch schälen und in feine Würfel schneiden. Das Olivenöl in einem Topf erhitzen, Zwiebel und Knoblauch darin andünsten. Tomatenmark und Currypaste hinzufügen, kurz mitrösten und mit Brühe ablöschen.

Tomaten ggf. waschen, klein schneiden und dazugeben. Die Peperoni längs halbieren, entkernen, waschen, klein schneiden und ebenfalls dazugeben.

Alles bei mittlerer Hitze etwa 45 Minuten weich kochen und mit dem Stabmixer pürieren. Suppe mit Kokosmilch und Sahne verfeinern, nochmals aufkochen und mit Salz, Pfeffer und Zucker würzen.

Die Tomaten-Peperoni-Suppe auf tiefe Teller verteilen und die Basilikumknödel darin anrichten.

Wer eine etwas feinere Suppe haben möchte, passiert die Suppe durch ein Sieb, bevor Sahne und Kokosmilch hinzugefügt werden.

Isartaler Fischsuppe mit Hechtknödeln

Hechtknödel
Für 14 Knödel:

300 g Hechtfilet (küchenfertig)
160 g Toastbrot (ohne Rinde)
125 g Sahne
2 Schalotten • 1 EL Olivenöl
1 EL gehackter Dill • 1 Ei
Mie de pain (nach Bedarf, siehe Tipp; oder Semmelbrösel)
Salz, weißer Pfeffer aus der Mühle
Fischfond (oder Wasser) zum Kochen

Zubereitungszeit:
ca. 45 Minuten

Hechtfilet waschen, trocken tupfen, in kleine Würfel schneiden und im Tiefkühlfach etwa 15 Minuten anfrieren lassen.

Das Brot mit der Hälfte der Sahne einweichen, mit dem Fisch durch die feine Scheibe des Fleischwolfs drehen oder in einer Küchenmaschine cuttern. Die Masse kühl stellen.

Schalotten schälen und in feine Würfel schneiden. Im Olivenöl andünsten, abkühlen lassen und mit Dill unter die restliche Masse mischen. Ei und übrige Sahne dazugeben, mischen und die Masse mit Salz und Pfeffer würzen.

Aus der Masse mit angefeuchteten Händen kleine Knödel formen. Fischfond oder Salzwasser zum Kochen bringen und die Hechtknödel darin bei mittlerer Hitze 8 bis 12 Minuten gar ziehen lassen. In der Isartaler Fischsuppe servieren.

Isartaler Fischsuppe
Für 4 Personen:

500 g Karkassen von heimischen Fischen (z.B. Saibling, Zander)
2 Zwiebeln • 2 Knoblauchzehen
1 kleine Fenchelknolle
1 Stange Lauch
1 Stange Staudensellerie
2 Fleischtomaten • 4 EL Olivenöl
¼ l Weißwein • 80 ml Noilly Prat
2 l Gemüsebrühe (oder Wasser)
1 Streifen Bio-Zitronenschale
1 getrocknetes Lorbeerblatt
1 Stiel Estragon
2 Stiele Petersilie
1 TL schwarze Pfefferkörner
½ TL Pimentkörner
¼ TL Safranfäden

Zubereitungszeit:
ca. 1 ½ Stunden

Fischkarkassen unter fließendem kaltem Wasser gründlich säubern und auf einem Sieb abtropfen lassen. Zwiebeln und Knoblauch schälen und in feine Würfel schneiden. Fenchel, Lauch und Sellerie putzen, waschen und in kleine Würfel schneiden. Tomaten waschen und klein schneiden, dabei Stielansätze entfernen.

Das Olivenöl in einem Suppentopf erhitzen. Zwiebeln und Knoblauch darin goldgelb andünsten. Fenchel, Lauch und Sellerie dazugeben und weiterdünsten, bis das Gemüse leicht bräunt.

Tomaten und Fischkarkassen hinzufügen und unter Rühren bei starker Hitze 3 bis 4 Minuten dünsten – es kann ruhig alles zerfallen! Mit Wein ablöschen und 2 bis 3 Minuten kochen lassen. Die Hitze reduzieren und den Noilly Prat sowie die Brühe dazugießen.

Zitronenschale, Lorbeerblatt und Kräuter mit den Gewürzen zur Suppe geben. Alles zugedeckt bei mittlerer Hitze 40 Minuten köcheln lassen. Fischsuppe durch ein Passiertuch abseihen. In tiefen Tellern mit den Hechtknödeln anrichten.

Mie de pain sind Brösel von Toastbrot oder Weißbrot ohne Rinde.

Tofuknödel in Asia-Gemüsebrühe

Tofuknödel
Für 10–12 Knödel:

200 g Karotten
300 g Tofu
1 Bund Petersilie
abgeriebene Schale von ½ Bio-Zitrone
4 Eigelb
60 g Dinkelmehl
Salz, Pfeffer aus der Mühle

Zubereitungszeit:
ca. 45 Minuten

Die Karotten putzen, schälen und fein reiben. In eine Schüssel geben. Den Tofu durch ein Sieb dazudrücken. Oder den Tofu mit einer Gabel fein zerdrücken. Petersilie waschen und trocken schütteln, die Blätter abzupfen und fein hacken.

Petersilie, Zitronenschale, Eigelbe und Mehl zum Tofu-Karotten-Mix geben und mit Salz und Pfeffer würzen. Alles zu einer homogenen Masse vermischen.

Aus der Tofumasse mit angefeuchteten Händen kleine Knödel abdrehen und in der Asia-Gemüsebrühe gar ziehen lassen. In tiefen Tellern nach Belieben mit Gemüsejulienne und Koriandergrün anrichten.

Asia-Gemüsebrühe
Für 4 Personen:

250 g Karotten
2 Stangen Lauch
1 Fleischtomate
1 kleine Petersilienwurzel
150 g Knollensellerie
1 Zwiebel
80 g Ingwer
2 Knoblauchzehen
2 EL Sesamöl
2 EL Reiswein
1 EL helle Sojasauce
3 Stangen Zitronengras
½ Bund Koriandergrün
1 EL schwarze Pfefferkörner
2 Sternanis
1 EL Korianderkörner

Zubereitungszeit:
ca. 1 ½ Stunden

Karotten, Lauch und Tomate putzen, waschen und in grobe Stücke schneiden. Petersilienwurzel und Sellerie schälen und ebenfalls in grobe Stücke schneiden. Zwiebel und Ingwer mit der Schale vierteln. Knoblauch schälen und halbieren.

Das gesamte Gemüse in einem großen Topf im Sesamöl leicht anrösten. Dann 3 l Wasser, Reiswein und Sojasauce dazugießen.

Das Zitronengras längs halbieren und mit einem Topfboden etwas flach klopfen. Koriandergrün waschen. Beides mit den Gewürzen zur Brühe geben.

Alles zum Kochen bringen, danach die Hitze etwas reduzieren und die Brühe etwa 45 Minuten köcheln lassen.

Die Asia-Gemüsebrühe durch ein Sieb gießen.

*Noch fixer zum
Suppenglück: Man
kann auch das Gemüse
direkt in kaltem Wasser
ansetzen, ohne leichtes
Anbräunen.*

Brühe oder Fond selbst machen

Es geht nichts über eine selbst gemachte Brühe. In früheren Zeiten und in guten Küchen eine Selbstverständlichkeit sorgt erst ein selbst angesetzter, kräftiger Fond bei den meisten Speisen für die richtige Geschmacksgrundlage. Und dabei können viele übrig gebliebene Reste perfekt verwertet werden. Eine gesunde und leckere Brühe kann man nämlich aus allen möglichen Lebensmitteln kochen – ob vegetarisch aus Gemüse, traditionell mit Geflügel oder Rind, rustikal aus Wild oder sogar mit Fisch.

Das A und O für perfekte Brühe

Wichtig dabei ist, dass der Sud immer mit kaltem Wasser angesetzt wird. Dadurch wird die Brühe später aromatischer. Denn beim Erhitzen lösen sich Inhaltsstoffe, wie beispielsweise Eiweiße und Fette, aus den Zutaten in das Wasser. Das Wasser soll aber nicht bis zum Sprudeln kochen. Knapp unter dem Siedepunkt ist die perfekte Temperatur, die während des gesamten Kochvorgangs gehalten werden sollte. So kommen die gewünschten Aromen zu ihrer vollen Entfaltung. Angeröstete Zwiebeln geben zusammen mit den Schalen der Brühe eine schöne Färbung. Und ganz wichtig: Geben Sie auf keinen Fall Salz in das Wasser. Gesalzen wird immer erst zum Schluss beim Abschmecken.

Aus diesem Sud können Sie nicht nur Suppen für verschiedenste Knödeleinlagen machen, der Fond ist auch eine wichtige Basis für Saucen. Für eine Brühe werden die Zutaten nur gar gekocht. Dadurch bleibt der Sud dünnflüssig und kann entweder pur, durch ein Passiertuch abgeseiht, mit den Einlagen oder gebunden als Suppe verwendet werden. Wollen Sie eine klare Suppe, geben sie bereits beim Kochen Eierschalen mit dazu. Das klärt die Brühe schon etwas im Vorfeld. Durch das Abseihen werden der Brühe auch die letzten Schwebstoffe entnommen. Wenn sich Schaum bildet, der aus geronnenem Eiweiß besteht, sollte dieser abgeschöpft werden. Falls notwendig, können Sie die Flüssigkeit am Ende durch Abschöpfen oder Kühlen noch entfetten.

Unterschied Brühe und Fond

Für einen Fond werden Fleischabschnitte, Knochen, Fisch oder Gemüse komplett ausgekocht und können anschließend nicht mehr gegessen werden. Deshalb sind für das Kochen eines Fonds auch Gemüseschalen oder Reste, die übrig geblieben sind, perfekt geeignet. Für ein gutes Aroma werden Fleisch, Fisch oder Gemüse vor dem Kochen scharf angebraten. So kommen im Fond auch Röstaromen geschmacklich zur Geltung.

Das eigene Dressing – von leicht bis würzig

Salate sind nicht nur eine hervorragende Beilage für Knödelgerichte, sie lassen sich auch gut mit übrig gebliebenen Knödeln verfeinern. Damit ein Salat fein schmeckt, braucht er oft nur wenig Salatsauce. Für einen abgerundeten Genuss kommt es auf das richtige Dressing an. Ein Dressing kann auf Basis unterschiedlichster Zutaten mit Gewürzen und Kräutern angerührt werden. Diese reichen von Produkten auf Milchbasis, wie Joghurt, Sauerrahm, Crème fraîche oder Buttermilch, über Mayonnaise oder Pesto bis hin zu Brühe oder Fruchtsäften. Gängig ist auch die Vinaigrette auf Basis von Essig und Öl.

Eine Basis, viele Variationen

Bei Dressings besticht oft die Einfachheit: Es muss nicht immer üppig und kompliziert sein, aber hochwertige Zutaten sind für ein herrliches Aroma der Sauce ebenso wichtig wie die Frische der Blätter für den Geschmack eines Salats. Dressings haben eines mit Knödeln gemeinsam: Mit der gleichen Basis lassen sich je nach Geschmack und Salat immer wieder neue Variationen erstellen. So kann man mit nur kleinen Veränderungen der Zutatenliste immer wieder neue Geschmackserlebnisse kreieren.

Viele Dressing werden auf Basis einer klassischen Vinaigrette angemacht. Bei den Grundzutaten Essig und Öl kommt es auf die richtige Kombination an: Ein Öl mit einem auffallenden Geschmack sollte immer mit einem weniger intensiven Essig verwendet werden. Und neutrale Öle vertragen sich besonders gut mit geschmacksstarkem Essig wie Balsamico. Das Mischungsverhältnis von Öl zu Essig sollte in etwa 3:1 betragen, damit die Vinaigrette weder zu ölig noch zu sauer wird.

Die perfekte Verbindung

Beim Anmischen des Dressings kommt es auf die richtige Reihenfolge an: Da sich Essig und Öl nur schwer verbinden, sollte der Essig zuerst mit etwas Salz angerührt werden, bevor das Öl hinzukommt. Nun kann die Salatsauce mit den verschiedensten Kräutern und Zutaten verfeinert werden. Hier gibt es eine Regel: Wo Säure ist, sorgt erst Süße für einen abgerundeten Geschmack.

Bei einem cremigen Dressing auf Basis von Öl und Essig ist die Emulsion, also die Verbindung der fetthaltigen mit der wässrigen Flüssigkeit, besonders wichtig. Senf oder Eigelb sorgen dafür, dass die Salatsauce eine homogene Konsistenz hat. Dazu müssen alle Grundzutaten kräftig verrührt werden. Erst wenn alle Flüssigkeiten eine Einheit bilden, kommt auch der Geschmack perfekt zur Geltung.

VOR-
KNÖDEL

Knödel-Haxn-Salat

Für 4 Personen:

1 gegarte, lauwarme Hinterhaxe (selbst gegart oder fertig gegart beim Metzger kaufen)
1 rote Zwiebel
4 Frühlingszwiebeln
6 Radieschen
2 Semmelknödel (Rezept siehe S. 29)
2 Speckknödel (Rezept siehe S. 42)
2 EL Sonnenblumenöl
100 ml Rindfleischbrühe (Rezept siehe S. 44)
100 ml kalt gepresstes Öl
1 TL scharfer Senf
4–5 EL Weißweinessig
1 TL Sahnemeerrettich
Salz, Pfeffer aus der Mühle
1 Bund Schnittlauch
einige Salatblätter (nach Belieben)

Zubereitung:
ca. 45 Minuten (inkl. 30 Minuten Ziehzeit)

Das Fleisch von der Haxn lösen, in etwa 1 ½ bis 2 cm große Würfel schneiden und in eine Salatschüssel geben.

Zwiebel schälen und in feine Würfel schneiden. Frühlingszwiebeln und Radieschen putzen, waschen und in feine Ringe bzw. Würfel schneiden. Alles zu den Haxenwürfeln geben.

Die Knödel halbieren und ebenfalls in Würfel schneiden. In einer Pfanne das Sonnenblumenöl erhitzen, die Knödelwürfel darin kurz anrösten und zu den restlichen Zutaten in die Schüssel geben.

Brühe, Öl, Senf, Essig und Sahnemeerrettich zu einer Marinade verrühren und mit Salz und Pfeffer würzen. Die Marinade mit den Salatzutaten mischen und den Salat etwa 30 Minuten durchziehen lassen.

Den Schnittlauch waschen, trocken schütteln und in Röllchen schneiden. Unter den Knödel-Haxn-Salat nach Belieben noch Salatblätter mischen und den Salat mit Schnittlauch garnieren.

Köstliche Resteverwertung:

Dieser Salat ist das perfekte Resteessen! Statt Semmel- und Speckknödel zu mischen, können Sie auch nur Semmelknödel dafür verwenden. Am besten schmeckt der Salat, wenn die Haxe noch warm ist. Dazu dann ein eiskaltes Bier – einfach lecker!

Semmelknödelsalat

Für 4 Personen:

50 g Sahne
2 EL Mayonnaise (aus dem Glas)
2 TL mittelscharfer Senf
1 TL Sahnemeerrettich
3–4 EL Weißweinessig
2–3 EL Traubenkernöl
Salz, Pfeffer aus der Mühle
1 Knoblauchzehe
2 EL Essiggurkenwasser
100 g Radieschen
1 Bund Schnittlauch
6 Semmelknödel (vom Vortag, Rezept siehe S. 29)

Zubereitung:
ca. 20 Minuten

In einer Schüssel Sahne, Mayonnaise, Senf, Meerrettich, Essig und Öl mit dem Schneebesen zu einem sämigen Dressing verquirlen und mit Salz und Pfeffer würzen.

Den Knoblauch schälen, in feine Würfel schneiden und mit dem Essiggurkenwasser unter das Dressing rühren.

Die Radieschen putzen, waschen und in feine Scheiben hobeln. Den Schnittlauch waschen, trocken schütteln und in Röllchen schneiden.

Die Semmelknödel in Würfel schneiden und mit dem Dressing mischen. Den Salat nach Belieben mit Pfeffer würzen und mit Radieschen und Schnittlauch garnieren.

Pimp your Knödelsalat:

Wer gern herzhaft isst, peppt den Salat mit Kaminwurz- oder Chorizoscheiben auf. Eine würzige Note bekommt der Semmelknödelsalat, wenn Sie vor dem Servieren gereiften Bergkäse darüberreiben. Oder mischen Sie noch eine Handvoll zerzupfte Kopfsalatblätter darunter – für den extra Frischekick.

Mini-Bärlauchknödel auf Spargelsalat mit Himbeerdressing

Für 14–16 Knödel:

1 Rezept Bärlauchknödel (Rezept siehe S. 82)

Für den Salat:

250 g weißer Spargel
250 g grüner Spargel
Salz
Zucker
½ Bio-Zitrone

Für das Dressing:

100 g Himbeeren (frisch oder tiefgekühlt)
abgeriebene Schale von ½ Bio-Limette
150 ml Olivenöl
50 ml Balsamico bianco (oder Himbeeressig)
1 TL Zucker
Salz, Pfeffer aus der Mühle

Zubereitungszeit:

ca. 1 Stunde

Die Bärlauchknödel wie auf S. 82 beschrieben zubereiten, dabei aus der Masse mit angefeuchteten Händen etwa 16 kleine Knödel abdrehen.

Für den Salat beide Spargelsorten waschen. Weißen Spargel ganz, grünen Spargel nur im unteren Drittel schälen, die holzigen Enden abschneiden. Den Spargel schräg in etwa 3 cm dicke Stücke schneiden.

Beide Spargelsorten nacheinander in stark gewürztem Salz-Zucker-Wasser mit der Zitrone bissfest garen, kalt abschrecken und abtropfen lassen.

Für das Dressing frische Himbeeren waschen und abtropfen lassen (tiefgekühlte auftauen). Himbeeren pürieren und durch ein feines Sieb streichen.

Himbeerpüree, Limettenschale, Olivenöl, Essig, Zucker, Salz und Pfeffer zu einer Vinaigrette verrühren.

Den Spargel mit dem Dressing marinieren, auf Tellern anrichten und die warmen Mini-Bärlauchknödel darum herum verteilen.

Saure Semmelknödel

Für 4 Personen

1 EL körniger Senf
100 ml Weißweinessig
120 ml Traubenkernöl
Salz, Pfeffer aus der Mühle
Zucker
1 Bund Radieschen
1 rote Zwiebel
6 Semmelknödel (vom Vortag, Rezept siehe S. 29)

Zubereitung:
ca. 20 Minuten

Senf, Essig und Öl zu einer Vinaigrette verrühren und mit Salz, Pfeffer und Zucker würzen.

Die Radieschen putzen, waschen und in Stifte oder Scheiben fein schneiden. Unter die Vinaigrette mischen.

Die Zwiebel schälen und feine Ringe schneiden. Semmelknödel in Scheiben schneiden (siehe Tipp) und aufgefächert auf vier Teller legen.

Knödelscheiben mit der Vinaigrette beträufeln und mit den Zwiebelringen garnieren.

(K)eine Frage der Dicke:

Reine Geschmackssache: Wie dick Sie die Semmelknödelscheiben schneiden, hängt von Ihrem Gusto ab. Von hauchdünnen Carpaccioscheiben bis hin zu fingerdicken Scheiben – erlaubt ist, was schmeckt! Umso dicker die Scheiben sind, umso länger sollten Sie den Salat dann durchziehen lassen.

Frittierter Thunfischknödel auf Ajvar-Kartoffelsalat

Frittierter Thunfischknödel
Für 8–9 Knödel:

200 g vorwiegend festkochende Kartoffeln
Salz
150 g Thunfisch (in Öl eingelegt)
1 Zwiebel
50 g Mehl
1 EL gehackte Petersilie
2 Eier
Pfeffer aus der Mühle
ca. 1 l Öl zum Frittieren

Zubereitungszeit:
ca. 45 Minuten

Kartoffeln mit der Schale waschen und in reichlich Salzwasser weich garen. Kartoffeln abgießen, ausdampfen lassen, möglichst heiß pellen und durch die Kartoffelpresse in eine Schüssel drücken.

Thunfisch gut abtropfen lassen, behutsam ausdrücken und mit einer Gabel zerpflücken. Zwiebel schälen und in feine Würfel schneiden.

Thunfisch, Zwiebel, Mehl, Petersilie und Eier zur Kartoffelmasse geben, mit Salz und Pfeffer würzen und alles gut mischen.

Aus der Masse mit angefeuchteten Händen Knödel abdrehen und in etwa 165 °C heißem Fett 4 bis 5 Minuten goldgelb ausbacken. Mit dem Sieblöffel herausheben und auf Küchenpapier gut abtropfen lassen. Thunfischknödel mit dem Ajvar-Kartoffelsalat servieren.

Ajvar-Kartoffelsalat
Für 4 Personen:

1 kg festkochende Kartoffeln
Salz
350 ml Rindfleischbrühe (Rezept siehe S. 44)
2–3 Schalotten
5–6 EL Weißweinessig
4–5 EL Sonnenblumenöl
1 EL mittelscharfer Senf
Pfeffer aus der Mühle
Zucker
1–2 EL Ajvar

Zubereitungszeit:
ca. 1 Stunde

Die Kartoffeln mit der Schale waschen und in reichlich Salzwasser weich garen.

Kartoffeln abgießen, ausdampfen lassen, möglichst heiß pellen, in feine Scheiben schneiden und in eine Salatschüssel geben.

Die Brühe erhitzen. Schalotten schälen und in feine Würfel schneiden. Beides mit Essig, Öl, Senf, Salz, Pfeffer und Zucker zu einer Marinade verrühren und mit den Kartoffeln mischen. Zum Schluss das Ajvar untermischen.

Warm angemacht, wird der Kartoffelsalat sämiger und schmeckt dadurch viel besser. Den Salat nicht in den Kühlschrank stellen, sonst büßt er an Aroma ein.

Sesam-Curry-Knödel auf Zuckerschoten-Mango-Salat

Für 12 Knödel:

250 g Toastbrot
75 g Butter
12 g schwarze Sesamsamen
8 g helle Sesamsamen
1 Zwiebel
1 Knoblauchzehe
1 EL Tomatenmark
16 g Currypulver + Currypulver zum Kochen
50 ml Milch
Salz, Pfeffer aus der Mühle
3 Eier
125 g Speisequark (40 % Fett)
½ TL geriebener Ingwer
Semmelbrösel (nach Bedarf)

Zubereitungszeit:
ca. 50 Minuten

Das Rezept für den Zuckerschoten-Mango-Salat finden Sie auf S. 70.

Den Backofen auf 180 °C vorheizen. Das Toastbrot in feine Würfel schneiden. Die Hälfte davon auf ein Backblech geben und 40 g Butter darauf verteilen. Brotwürfel im Ofen auf der mittleren Schiene etwa 12 Minuten goldbraun rösten.

Den Sesam in einer Pfanne ohne Fett kurz anrösten.

Die Zwiebel und den Knoblauch schälen und in feine Würfel schneiden. Restliche Butter in einer Pfanne erhitzen, die Zwiebel und den Knoblauch darin andünsten. Tomatenmark und Currypulver kurz mitrösten. Die Milch dazugießen, mit Salz und Pfeffer würzen und kurz aufkochen.

Geröstete und ungeröstete Brotwürfel, Eier, Quark, Sesam, Ingwer und Milch-Zwiebel-Mix in einer Schüssel geben und gut vermengen. Falls die Masse zu feucht ist, noch etwas Semmelbrösel dazugeben.

Aus der Masse mit angefeuchteten Händen Knödel abdrehen. Reichlich Wasser mit etwas Currypulver zum Kochen bringen und salzen.

Die Sesam-Curry-Knödel in siedendem Curry-Wasser gar ziehen lassen. Herausheben, abtropfen lassen und auf dem Zuckerschoten-Mango-Salat anrichten.

Wer es schärfer möchte, kann noch 1 rote Chilischote in feine Würfel schneiden und mit in den Salat geben.

Schwarzer Sushireis-Knödel auf Goma Wakame

Für 10–12 Knödel:

400 g schwarzer Klebreis
80 ml Reisessig
1 EL Zucker
Salz
½ Salatgurke
½ Avocado
60 g Frischkäse
150 g weiße Sesamsamen

Außerdem:
Wasabipaste und Sojasauce zum Servieren

Zubereitungszeit:
ca. 100 Minuten (inkl. 1 Stunde Einweichzeit)

Das Rezept für Goma Wakame finden Sie auf S. 71.

Den Reis in einem Sieb kalt abspülen, bis das Wasser klar bleibt. Dann in einer Schüssel mit kaltem Wasser bedecken und etwa 3 Stunden einweichen. Reis in ein Sieb abgießen und mit 600 ml Wasser aufkochen.

Bei schwacher Hitze zugedeckt etwa 20 Minuten köcheln lassen. Topf vom Herd nehmen und den Reis zugedeckt etwa 40 Minuten quellen lassen, dabei gelegentlich umrühren.

Reisessig, Zucker und Salz nur leicht erwärmen, bis sich Salz und Zucker aufgelöst haben. Den Mix locker unter den Reis heben. Reis mit einem feuchten Tuch zugedeckt etwas auskühlen lassen – er muss nicht ganz kalt sein, bevor man ihn weiterverarbeitet.

Gurke waschen, längs halbieren, entkernen und in feine Würfel schneiden. Avocado halbieren und den Stein entfernen. Avocadofruchtfleisch aus der Schale lösen und ebenfalls in feine Würfel schneiden. Frischkäse glatt rühren und mit Gurken- und Avocadowürfeln verrühren. Sesam in einer Pfanne ohne Fett kurz anrösten.

Aus dem Reis mit angefeuchteten Händen Kugeln formen und jede Kugel etwas flach drücken. Jeweils ½ TL der Frischkäse-Gemüse-Mischung in die Mitte setzen, Reisrand über der Füllung zusammenklappen und zu kleinen runden Knödeln formen. Knödel im Sesam wälzen und auf Goma Wakame anrichten. Wasabipaste und Sojasauce dazu reichen.

Übung macht den Meister:

„Sushi zu machen ist eine Kunst – Erfahrung ist dabei alles!“, so der berühmte Sushimeister Nobu Matsuhisa. Und recht hat er! Diese Knödel sind bestimmt eine Herausforderung, denn guter Sushireis braucht seine Zeit und die sollte man sich nehmen. Aber seien Sie ruhig mutig und trauen Sie sich an die Zubereitung. Wenn Sie öfter (Sushi-)Reis zubereiten, lohnt sich auch die Anschaffung eines Reiskochers.

Zuckerschoten-Mango-Salat

Für 4 Personen:

200 g Zuckerschoten
Salz
1 Mango (nicht zu reif)
2 Frühlingszwiebeln
1 EL Mango-Chutney (Fertigprodukt)
1 TL geriebener Ingwer
2 EL Kokosmilch
1 EL Reisessig oder Weißweinessig
3 EL Sesamöl

Zubereitungszeit:
ca. 35 Minuten

Das Rezept für die Sesam-Curry-Knödel finden Sie auf S. 66.

Zuckerschoten putzen, waschen und längs in feine Streifen schneiden. In kochendem Salzwasser bissfest blanchieren und in Eiswasser abschrecken.

Mango schälen, das Fruchtfleisch zuerst vom Stein und dann in kleine Würfel schneiden. Frühlingszwiebeln putzen, waschen und in feine Ringe schneiden.

In einer Schüssel Mango-Chutney, Ingwer, Kokosmilch, Essig und Öl zu einer Marinade verrühren und mit Salz abschmecken. Zuckerschoten und Frühlingszwiebeln hinzufügen und einmal durchschwenken. Zuletzt die Mangowürfel vorsichtig unterheben.

Den Zuckerschoten-Mango-Salat mit Sesam-Curry-Knödeln servieren.

Goma Wakame

Für 4 Personen:

1 Tüte Wakame (getrockneter Seetang; ca. 56 g)
1 Knoblauchzehe
3 EL Sushi- oder Reisessig
3 EL Sesamöl
2 TL Sojasauce
1 EL Limettensaft
1 EL geriebener Ingwer
1 EL Zucker
2 EL gehacktes Koriandergrün
ca. ½ EL Chilipulver
1 EL weiße Sesamsamen

Zubereitungszeit:
ca. 80 Minuten (inkl. 1 Stunde Ziehzeit)

Das Rezept für die schwarzen Sushireis-Knödel finden Sie auf S. 68.

Seetang in einer Schüssel mit heißem Wasser aufgießen und etwa 10 Minuten ziehen lassen.

Knoblauch schälen und in feine Würfel schneiden. Mit Sushi-Essig, Sesamöl, Sojasauce, Limettensaft, Ingwer, Zucker und Koriander in einer Schüssel zu einer Marinade verrühren. Je nach Schärfewunsch mit dem Chilipulver abschmecken.

Den Seetang in ein Sieb abgießen, abtropfen lassen und unter die Marinade heben. Sesam darüberstreuen. Salat am besten im Kühlschrank etwa 1 Stunde durchziehen lassen.

Goma Wakame mit Sushireis-Knödeln anrichten.

HAUPT-KNÖDEL

Spinatknödel auf Kirschtomatensugo

Spinatknödel
Für 8 Knödel:

250 g Toastbrot
75 g Butter (Zimmertemperatur)
250 g Babyspinat
1 Zwiebel
1 Knoblauchzehe
60 ml Milch
Salz
Pfeffer aus der Mühle
frisch geriebene Muskatnuss
3 Eier
50 g Semmelbrösel
125 g Speisequark (40 % Fett)
60 g Mehl

Zubereitungszeit:
ca. 45 Minuten

Den Backofen auf 180 °C vorheizen. Das Toastbrot in feine Würfel schneiden. Die Hälfte davon auf ein Backblech geben und 40 g Butter darauf verteilen. Brotwürfel im Ofen auf der mittleren Schiene etwa 12 Minuten goldbraun rösten.

Spinat verlesen, waschen, blanchieren und in Eiswasser abschrecken. In einem Küchentuch gut ausdrücken – je trockener der Spinat ist, desto besser (siehe Tipp). Fein hacken.

Zwiebel und Knoblauch schälen und in feine Würfel schneiden. Restliche Butter in einer Pfanne erhitzen und Zwiebel und Knoblauch darin andünsten. Die Milch dazugießen, mit Salz, Pfeffer und Muskatnuss würzen und kurz aufkochen.

Geröstete und ungeröstete Brotwürfel, Spinat, Eier, Semmelbrösel, Quark, Mehl und Milch-Zwiebel-Mix in einer Schüssel gut vermengen. Aus der Masse mit angefeuchteten Händen Knödel abdrehen und in siedendem Salzwasser gar ziehen lassen. Spinatknödel herausheben, abtropfen lassen und auf dem Tomatensugo anrichten. Nach Belieben mit Basilikumpesto (aus dem Glas) und Basilikum garnieren.

Kirschtomatensugo
Für 4 Personen:

1 Zwiebel
1 Knoblauchzehe
3–4 EL Olivenöl
1 EL Tomatenmark
150 ml Weißwein
600 g Kirschtomaten
1–2 Stiele Basilikum
je 1–2 Zweige Oregano und Rosmarin
Salz, Pfeffer aus der Mühle
Zucker

Zubereitungszeit:
ca. 20 Minuten

Die Zwiebel und den Knoblauch schälen und in feine Würfel schneiden. Das Olivenöl in einer Pfanne erhitzen, Zwiebel und Knoblauch darin andünsten. Das Tomatenmark hinzufügen, kurz mitrösten und mit Wein ablöschen.

Die Kirschtomaten waschen, halbieren und in die Pfanne geben. Alles bei schwacher Hitze einkochen lassen.

Die Kräuter waschen und trocken tupfen, die Blättchen bzw. Nadeln abzupfen und fein hacken. Den Sugo mit den Kräutern verfeinern und mit Salz, Pfeffer und Zucker würzen.

Den Spinat wirklich gut ausdrücken, denn je mehr Wasser noch im Spinat ist, desto feuchter ist die Masse und umso mehr muss man mit Bröseln nacharbeiten.

Rote-Bete-Knödel auf Apfel-Sellerie-Gemüse

Für 10–12 Knödel:

200 g Rote Beten
250 g Toastbrot
75 g Butter
1 Zwiebel
1 Knoblauchzehe
60 ml Milch
Salz, Pfeffer aus der Mühle
frisch geriebene Muskatnuss
3 Eier
125 g Speisequark (40 % Fett)
50 g Semmelbrösel
60 g Mehl
25 ml Rote-Bete-Konzentrat

Zubereitungszeit:
ca. 45 Minuten

Das Rezept für das Apfel-Sellerie-Gemüse finden Sie auf S. 80.

Die Roten Beten nicht zu weich garen, schälen und fein reiben. Am besten bei der Verarbeitung Einweghandschuhe tragen, sonst färben sich die Finger rot!

Den Backofen auf 180 °C vorheizen. Toastbrot in feine Würfel schneiden. Die Hälfte davon auf ein Backblech geben und 40 g Butter darauf verteilen. Brotwürfel im Ofen auf der mittleren Schiene etwa 12 Minuten goldbraun rösten.

Zwiebel und Knoblauch schälen und in feine Würfel schneiden. Restliche Butter in einer Pfanne erhitzen, Zwiebel und Knoblauch darin andünsten. Milch dazugießen, mit Salz, Pfeffer und Muskatnuss würzen und kurz aufkochen.

Geröstete und ungeröstete Brotwürfel, Rote-Bete-Raspel, Eier, Quark, Semmelbrösel, Mehl und Milch-Zwiebel-Mix in einer Schüssel gut vermengen. Ggf. noch etwas Semmelbrösel dazugeben, da die Beten sehr viel Saft haben können.

Aus der Masse mit angefeuchteten Händen Knödel abdrehen. Reichlich Wasser mit dem Rote-Bete-Konzentrat zum Kochen bringen und salzen. Die Hitze reduzieren und die Rote-Bete-Knödel im siedenden Rote-Bete-Wasser gar ziehen lassen. Herausnehmen, abtropfen lassen und auf dem Apfel-Sellerie-Gemüse anrichten. Nach Belieben mit Rote-Bete-Chips und Meerrettichschmand (pro Person 1 EL Schmand mit 1 TL Sahnemeerrettich verrührt) toppen.

Simpel, aber clever:

Kleiner, aber feiner Trick: Das Rote-Bete-Konzentrat im Kochwasser sorgt dafür, dass der Knödel seine schöne Farbe behält und auch geschmacklich gewinnt.

Bio-Kasknödel auf durchgeschwenktem Blattspinat

Für 8–9 Knödel:

250 g Toastbrot
75 g Butter
200 g Bio-Bergkäse (am Stück)
1 Zwiebel
1 Knoblauchzehe
60 ml Milch
Salz, Pfeffer aus der Mühle
frisch geriebene Muskatnuss
3 Eier
125 g Speisequark (40 % Fett)
50 g Semmelbrösel
60 g Mehl

Zubereitungszeit:
ca. 45 Minuten

Das Rezept für den durchgeschwenkten Blattspinat finden Sie auf S. 80.

Den Backofen auf 180 °C vorheizen. Das Toastbrot in feine Würfel schneiden. Die Hälfte davon auf ein Backblech geben und 40 g Butter darauf verteilen. Brotwürfel im Ofen auf der mittleren Schiene etwa 12 Minuten goldbraun rösten.

Den Bergkäse fein reiben. Die Zwiebel und den Knoblauch schälen und in feine Würfel schneiden. Restliche Butter in einer Pfanne erhitzen, die Zwiebel und den Knoblauch darin andünsten. Die Milch dazugießen, mit Salz, Pfeffer und Muskatnuss würzen und kurz aufkochen.

Geröstete und ungeröstete Brotwürfel, Käse, Eier, Quark, Semmelbrösel, Mehl und Milch-Zwiebel-Mix in einer Schüssel gut vermengen.

Aus der Masse mit angefeuchteten Händen Knödel abdrehen und in siedendem Salzwasser gar ziehen lassen. Herausheben, abtropfen lassen und auf dem Spinat anrichten.

(K)eine Frage des Käses:

Es muss nicht unbedingt nur Bergkäse sein, Sie können auch zwei verschiedene Sorten mischen, z. B. Taleggio und Bergkäse. Wichtig ist: Den Hartkäse fein reiben, denn ist er zu grob, kann sich der Käse nicht mit der Masse verbinden und die Knödel könnten zerfallen.

Apfel-Sellerie-Gemüse

Für 4 Personen:

1–2 Knollensellerie (geschält ca. 500 g)
1 Schalotte
2–3 Äpfel (z. B. Boskop, Elstar oder Gloster)
100 g Butter
50 ml Apfelsaft
50 ml Gemüsefond
100 g Sahne
1 TL Sahnemeerrettich
Salz, Pfeffer aus der Mühle

Zubereitungszeit:
ca. 25 Minuten

Das Rezept für die Rote-Bete-Knödel finden Sie S. 76.

Sellerie putzen, schälen und in etwa 1 cm große Würfel schneiden. Schalotte schälen und in feine Würfel schneiden. Äpfel waschen oder nach Belieben schälen, vierteln, entkernen und in etwa 1 cm große Würfel schneiden.

Die Butter in einem Topf erhitzen, Sellerie und Schalotte darin farblos andünsten. Apfelwürfel dazugeben und kurz mitdünsten. Mit Apfelsaft und Fond ablöschen und um ein Viertel einköcheln lassen.

Sahne hinzufügen und das Gemüse bei schwacher Hitze 8 bis 10 Minuten weich dünsten. Apfel-Sellerie-Gemüse mit Sahnemeerrettich, Salz und Pfeffer würzen und zu den Rote-Bete-Knödeln servieren.

Durchgeschwenkter Blattspinat

Für 4 Personen:

400 g Babyspinat
2 Schalotten
1–2 Knoblauchzehen
2 EL Butter
Salz, Pfeffer aus der Mühle
frisch geriebene Muskatnuss

Zubereitungszeit:
ca. 20 Minuten

Das Rezept für die Bio-Kasknödel finden Sie auf S. 78.

Den Spinat verlesen, waschen und in der Salatschleuder trocken schleudern. Schalotten und Knoblauch schälen und in feine Würfel schneiden.

In einer großen Pfanne die Butter erhitzen, Schalotten und Knoblauch darin andünsten. Den Spinat dazugeben und 4 bis 5 Minuten andünsten. Mit Salz, Pfeffer und Muskatnuss würzen. Als Beilage zu den Bio-Kasknödeln servieren.

Spinat-,
Rote-Bete- und
Kasknödel ergeben in
Kombination als
„Knödeltrio“ ein echt
rundes Geschmacks-
erlebnis.

Bärlauchknödel auf tomatisiertem Spargelragout

Bärlauchknödel
Für 8–9 Knödel:

250 g Toastbrot
75 g Butter
150 g Bärlauch
1 Zwiebel
1 Knoblauchzehe
60 ml Milch
3 Eier
125 g Speisequark (40 % Fett)
50 g Semmelbrösel
60 g Mehl
Salz, Pfeffer aus der Mühle
frisch geriebene Muskatnuss

Zubereitungszeit:
ca. 50 Minuten

Backofen auf 180 °C vorheizen. Toastbrot in feine Würfel schneiden. Die Hälfte davon auf ein Backblech geben und 40 g Butter darauf verteilen. Brotwürfel im Ofen auf der mittleren Schiene etwa 12 Minuten goldbraun rösten.

Bärlauch verlesen, waschen, trocken schleudern und fein hacken. Zwiebel und Knoblauch schälen und in feine Würfel schneiden. Die restliche Butter in einer Pfanne erhitzen und Zwiebel und Knoblauch darin andünsten. Die Milch dazugießen, mit Salz, Pfeffer und Muskatnuss würzen und kurz aufkochen.

Geröstete und ungeröstete Brotwürfel, Bärlauch, Eier, Quark, Semmelbrösel, Mehl und Milch-Zwiebel-Mix in einer Schüssel gut vermengen. Aus der Masse mit angefeuchteten Händen Knödel abdrehen und in siedendem Salzwasser gar ziehen lassen. Die Bärlauchknödel herausheben, abtropfen lassen und auf dem tomatisierten Spargelragout anrichten.

Tomatisiertes Spargelragout
Für 4 Personen:

500 g weißer Spargel
500 g grüner Spargel
Salz
½ TL Zucker
½ Bio-Zitrone
50 g Butter
1 EL Tomatenmark
2 TL Mehl
200 g Sahne
Pfeffer aus der Mühle
frisch geriebene Muskatnuss
50 g getrocknete Tomaten

Zubereitung:
ca. 45 Minuten

Beide Spargelsorten waschen. Weißen Spargel ganz, grünen Spargel nur im unteren Drittel schälen, die holzigen Enden abschneiden. Schalen und abgeschnittene Enden mit kaltem Wasser, etwas Salz, Zucker und der Zitrone in einen Topf geben, aufkochen und bei schwacher Hitze etwa 25 Minuten ziehen lassen. Anschließend den Sud durch ein Sieb gießen.

Den Spargel in größere Stücke schneiden und im Sud bissfest garen. Spargelstücke herausheben und den Sud auf die Hälfte einköcheln lassen.

Butter in einem Topf erhitzen, Tomatenmark und Mehl unterrühren. ¼ l Spargelsud unter Rühren nach und nach angießen, dann Sahne dazugeben. Sauce um etwa ein Drittel einkochen lassen. Mit Salz, Pfeffer und Muskatnuss würzen.

Tomaten fein schneiden und mit den Spargelstücken unter die Sauce heben. Das Ragout ggf. noch mal abschmecken.

Bärlauch ist ein sehr beliebtes Wildkraut und wächst von April bis Mai. Das Kraut mit dem intensiven Knoblauchduft ist ein Muss auf jeder Frühlingskarte.

„Wuide“ Knödel mit Pastinakengemüse und Bratapfel-Walnuss-Pesto

Für 10–11 Knödel:

250 g Toastbrot
75 g Butter
50 g Hirschrückenfilet
2 EL Öl
1 Zwiebel
1 Knoblauchzehe
60 ml Milch
Salz
Pfeffer aus der Mühle
frisch geriebene Muskatnuss
je 1 Zweig Majoran und Rosmarin
3 Eier
125 g Speisequark (40 % Fett)
150 g Wildfleischbrät
50 g Semmelbrösel
60 g Mehl
1 EL Wildpreiselbeeren (aus dem Glas)
abgeriebene Schale von ½ Bio-Orange
300 ml Wildfond

Zubereitungszeit:
ca. 1 Stunde

Das Rezept für das Pastinakengemüse und das Bratapfel-Walnuss-Pesto finden Sie auf S. 88.

Den Backofen auf 180 °C vorheizen. Das Toastbrot in feine Würfel schneiden. Die Hälfte davon auf ein Backblech geben und 40 g Butter darauf verteilen. Brotwürfel im Ofen auf der mittleren Schiene etwa 12 Minuten goldbraun rösten.

Das Hirschrückenfilet in 1 cm große Würfel schneiden und in einer Pfanne im Öl rundum scharf anbraten.

Die Zwiebel und den Knoblauch schälen und in feine Würfel schneiden. Restliche Butter in einer Pfanne erhitzen, Zwiebel und Knoblauch darin andünsten. Milch dazugießen, mit Salz, Pfeffer und Muskatnuss würzen und kurz aufkochen. Kräuter waschen und trocken tupfen, die Blätter bzw. Nadeln abzupfen und fein hacken.

Geröstete und ungeröstete Brotwürfel, Hirschfleisch, Eier, Quark, Wildbrät, Semmelbrösel, Mehl, Preiselbeeren, Orangenschale, Kräuter und Milch-Zwiebel-Mix in einer Schüssel gut vermengen. Aus der Masse mit angefeuchteten Händen Knödel abdrehen.

Wildfond und Salzwasser in einem Topf zum Kochen bringen und die „wuiden“ Knödel im siedenden Sud gar ziehen lassen.

Herausheben, abtropfen lassen und auf dem Pastinakengemüse anrichten. Bratapfel-Walnusss-Pesto darüberträufeln. Nach Belieben die Knödel mit grob gehackten Walnüssen dekorieren.

Wer es klassisch mag, serviert stattdessen Rahmschwammerl (siehe S. 94) zu den „wuiden“ Knödeln.

Münchner Knödel mit rahmigen Senfkerndlkraut

Für 12 Knödel:

250 g Toastbrot
40 g Butter
250 g Brezenstangen (frisch oder vom Vortag)
250 g gegarter Schweinebraten (selbst gegart oder fertig gegart beim Metzger kaufen)
1 Zwiebel
50 g Karreespeck (in Würfeln)
1 Knoblauchzehe
3 Eier
ca. 150 g Mehl
75 ml Dunkelbier
75 ml Bratensauce (aus dem Glas)
1 TL Sahnemeerrettich
½ EL körniger Senf
½ TL getrockneter Liebstöckel
½ TL getrockneter Majoran
Salz, Pfeffer aus der Mühle

Zubereitung:
ca. 45 Minuten

Das Rezept für das Senfkerndlkraut finden Sie auf S. 89.

Den Backofen auf 180 °C vorheizen. Toastbrot in 1 cm große Würfel schneiden. Die Hälfte davon auf ein Backblech geben, etwa 20 g Butter darauf verteilen und im Ofen auf der mittleren Schiene etwa 12 Minuten goldbraun rösten.

Die restlichen Brotwürfel in eine Schüssel geben. Brezenstangen in dünne Scheiben, Schweinebraten in sehr kleine Würfel schneiden. Beides in die Schüssel geben.

Die Zwiebel und den Knoblauch schälen und in feine Würfel schneiden. Restliche Butter in einer Pfanne erhitzen, Zwiebel, Knoblauch und Speck darin anrösten und ebenfalls in die Schüssel geben.

Geröstete Toastbrotwürfel, Eier und Mehl ebenfalls in die Schüssel geben. Die Masse mit Bier, Bratensauce, Meerrettich, Senf sowie Gewürzen gründlich durchmischen.

Aus der Masse Knödel abdrehen. In siedendem und mit einem Schuss Bier gewürzten Salzwasser gar ziehen lassen. Herausheben, abtropfen lassen und auf dem Senfkerndlkraut anrichten.

Sämiges Topping:

Krönen Sie die Münchner Knödel zur Abwechslung mal mit einer Senf-Hollandaise. Dazu 250 g Butter in einem Topf zerlassen. 3 Eigelb, 125 ml Weißwein, Salz und weißen Pfeffer aus der Mühle in einer Metallschüssel über dem heißen Wasserbad zu einer schaumigen Masse aufschlagen. Die Butter unter ständigem Rühren langsam dazugeben. Zum Schluss je 1 gestrichenen EL Dijon-Senf und körnigen Senf unterheben und die Sauce ggf. nochmals mit Salz und Pfeffer abschmecken.

Pastinakengemüse und Bratapfel-Walnuss-Pesto

Für 4 Personen:

Für das Pastinakengemüse:
500 g Pastinaken
2 Karotten
1 Zwiebel
1 Knoblauchzehe
Blätter von 1 Stiel Petersilie
3 Blätter Liebstöckel
3 EL Butter
50 ml Gemüsefond
200 g Sahne
1–2 TL Waldhonig
Salz, Pfeffer aus der Mühle
frisch geriebene Muskatnuss

Für das Bratapfel-Walnuss-Pesto:
3 Äpfel (Boskop oder Gloster)
120 g Walnusskerne
20 g Rosinen
1 EL Waldhonig
Zimtpulver
Butter für die Form
40 g Parmesan (am Stück)
100 ml Walnussöl
½ Bund gehackte Petersilie
Salz, Pfeffer aus der Mühle

Zubereitungszeit:
ca. 25 Minuten/ca. 75 Minuten (inkl. Back- und Abkühlzeit)

Das Rezept für die „wuiden" Knödel finden Sie auf S. 84.

Für das Pastinakengemüse Pastinaken und Karotten putzen, schälen und in 1 cm große Würfel schneiden.

Die Zwiebel und den Knoblauch schälen und in feine Würfel schneiden. Die Kräuter waschen, trocken schütteln und fein hacken.

In einer Pfanne die Butter erhitzen, Zwiebel und Knoblauch darin andünsten. Pastinaken- und Karottenwürfel dazugeben und 4 bis 5 Minuten mitdünsten. Mit dem Fond ablöschen, die Sahne dazugeben und das Gemüse bei mittlerer Hitze bissfest garen.

Die Kräuter dazugeben und das Gemüse mit Honig, Salz, Pfeffer und Muskatnuss abschmecken.

Für das Bratapfel-Walnuss-Pesto den Backofen auf 200 °C vorheizen. Äpfel waschen und das Kerngehäuse mit einem Entkerner entfernen. Walnüsse grob hacken. 50 g davon mit Rosinen, Honig und 1 Prise Zimt mischen und in die Äpfel füllen.

Die Äpfel in eine gefettete Auflaufform setzen und im Ofen auf der mittleren Schiene etwa 30 Minuten backen, bis sie weich sind. Herausnehmen und etwa 20 Minuten abkühlen lassen.

Restliche Walnüsse in einer Pfanne ohne Fett anrösten. Parmesan fein reiben. Bratäpfel, Öl, Nüsse, Parmesan und Petersilie im Küchenmixer fein mixen. Das Pesto mit Salz und Pfeffer würzen. Das Pesto hält sich in einem Schraubglas im Kühlschrank 2 bis 3 Wochen.

Rahmiges Senfkerndlkraut

Für 4 Personen:

1 Zwiebel
1 Apfel
100 g Butter
15 g gelbe Senfkörner
1 kg frisches Sauerkraut
2 getrocknete Lorbeerblätter
300 ml Apfelsaft
1 EL Sahnemeerrettich
50 g scharfer Senf
Salz, Pfeffer aus der Mühle
150 ml Bratensauce (aus dem Glas)
150 g Sahne

Zubereitung:
ca. 35 Minuten

Das Rezept für die Münchner Knödel finden Sie auf S. 86.

Die Zwiebel schälen und in feine Würfel schneiden. Den Apfel waschen, vierteln, entkernen und ebenfalls in feine Würfel schneiden. Beides in einem großen Topf in der Butter andünsten.

Senfkörner dazugeben und kurz mitrösten, dann das Sauerkraut und die Lorbeerblätter hinzufügen, mit dem Apfelsaft aufgießen und das Kraut bei schwacher Hitze etwa 20 Minuten köcheln lassen.

Das Kraut mit Meerrettich, Senf, 1 Prise Salz und Pfeffer abschmecken. Bratensauce und Sahne unterrühren, das Kraut nochmals aufkochen und als Beilage zu den Münchner Knödeln servieren.

Luis-Trenker-Knödel mit glasierten Urkarotten

Luis-Trenker-Knödel
Für 8–9 Knödel:

150 g Toastbrot
125 g Schüttelbrot
200 g Kaminwurzen
50 g Butter
1 Zwiebel
1 Knoblauchzehe
60 ml Milch
Salz, Pfeffer aus der Mühle
frisch geriebene Muskatnuss
½ TL getrockneter Majoran
gemahlener Kümmel
3 Eier
50 g Mehl
1 TL Sahnemeerrettich
1 TL scharfer Senf
1 TL gehackte Petersilie
2 EL Rotwein

Zubereitungszeit:
ca. 50 Minuten

Das Toastbrot in feine Würfel schneiden. Das Schüttelbrot fein reiben. Zwei Drittel der Kaminwurzen durch den Fleischwolf drehen. Die restlichen Kaminwurzen in feine Würfel schneiden und in einer Pfanne in der Hälfte der Butter anbraten.

Die Zwiebel und den Knoblauch schälen und in feine Würfel schneiden. Restliche Butter in einer Pfanne erhitzen, Zwiebel und Knoblauch darin andünsten. Milch dazugießen, mit Salz, Pfeffer, Muskatnuss, Majoran und 1 Prise Kümmel würzen und kurz aufkochen.

Brotwürfel, Schüttelbrot, Kaminwurzen, Eier, Mehl, Meerrettich, Senf, Petersilie, Rotwein und Milch-Zwiebel-Mix in einer Schüssel gut vermengen.

Aus der Masse mit angefeuchteten Händen Knödel abdrehen und in siedendem Salzwasser gar ziehen lassen. Herausheben, abtropfen lassen und mit den glasierten Urkarotten servieren. Nach Belieben mit gebratenen, feinen Kaminwurzscheiben garnieren. Hierzu passt die Senf-Hollandaise (siehe Tipp S. 86) sehr gut.

Glasierte Urkarotten
Für 4 Personen:

6 Urkarotten
1 EL Butter
1 EL Zucker
¼ l Gemüsebrühe
½ Bund Petersilie
Salz, Pfeffer aus der Mühle

Zubereitungszeit:
ca. 20 Minuten

Urkarotten putzen, schälen und in etwa 4 cm lange, dünne Stifte schneiden. Butter in einer Pfanne erhitzen und die Karottenstifte darin rundum leicht anbraten. Den Zucker darüberstreuen und karamellisieren, dabei immer mal wieder umrühren.

Mit der Brühe aufgießen und bei mittlerer Hitze köcheln lassen, bis die Flüssigkeit verdampft ist und die Karotten bissfest sind. Mit Salz und Pfeffer abschmecken.

Die Petersilie waschen und trocken schütteln, die Blätter abzupfen und fein hacken. Über die Karotten streuen.

Ein jeder Pilz hat seinen Knödel

Knödel in Pilzsauce – in Bayern und Österreich beliebt als Semmelknödel mit Rahmschwammerl – sind inzwischen in ganz Deutschland ein Klassiker auf den Speisekarten. Dabei ist die Verbindung von Pilzen und Knödeln noch so viel mehr.

Pilze sind kalorienarm, machen aufgrund ihres hohen Ballaststoffgehalts aber lange satt.

Wenn nach dem feuchten Abschluss eines heißen Sommers überall die Pilze sprießen, kommt die Zeit für Frühaufsteher. Kurz nach Sonnenaufgang ist die beste Zeit, im Wald auf die Suche zu gehen. Allerdings sollte man sich in Pilzkunde schon etwas auskennen. Denn ungenießbare oder gar giftige Pilze sehen den schmackhaften oft zum Verwechseln ähnlich.

Die besten Speisepilze

Welche Pilze sind für Knödelgerichte besonders geeignet? An erster Stelle steht da der echte Pfifferling, auch Eierschwamm oder Rehling genannt. Er wertet mit seinem würzigen Geschmack jedes Knödelgröstel auf. Zusammen mit dem König der Pilze, dem Steinpilz, und den weitverbreiteten Champignons (Egerlinge) sind die kleinen gelben Pfifferlinge am häufigsten in Knödelgerichten zu finden.

Weniger bekannt ist der braune oder weiße Buchenpilz, der aus der japanischen Küche kommt. Shimeji wachsen bevorzugt auf einem Holzsubstrat, weswegen diese Edelpilze zur Gattung der Holzraslinge zählen. Der Buchenpilz ist zart, hat aber einen intensiven, etwas nussigen Geschmack, den er vor allem dann entwickelt, wenn er kurz in Butter angebraten wird.

Ein weiterer Zuchtpilz für leckere Knödel ist der Kräuterseitling. Da seine Zucht relativ aufwendig ist, kostet er etwas mehr als andere gezüchtete Pilze. Es lohnt sich aber: Kräuterseitlinge, die ursprünglich aus dem mediterranen Raum kommen, haben nämlich einen intensiven Geschmack und ein festes Fleisch, das auch beim Garen bissfest bleibt.

Angenehm fruchtig und leicht süßlich schmecken Herbsttrompeten, die man in den heimischen Laubwäldern findet. Unkundige sollten diesen Pilz lieber auf dem Markt kaufen, da er leicht mit ungenießbaren Leistling-Sorten verwechselt werden kann. Die Herbsttrompete hat ebenfalls einen sehr aromatischen Geschmack mit einer leicht erdigen Note.

Knödel – perfekt für die Vorratsküche

Darf's etwas mehr sein? Bei Knödeln lohnt es sich ganz besonders, den Teig für größere Mengen auf Vorrat vorzubereiten, denn der Aufwand ist nur etwas höher als für einen einzelnen Knödel. Und die runden Köstlichkeiten lassen sich sehr gut in einzelnen Portionen aufbewahren.

Knödel eignen sich bestens zum Einfrieren – wenn man ein paar Tricks beachtet.

Wichtig ist, den Knödelteig nicht als Ganzes, sondern nur als abgedrehte einzelne Knödel roh portionsweise einzufrieren. Roh deshalb, weil Knödel an Geschmack verlieren, je öfter sie gekocht werden, und ihre Konsistenz beim erneuten Erhitzen leidet. Um Gefrierbrand zu vermeiden, achten Sie darauf, dass beim Einfrieren nicht zu viel Luft in den Gefrierbeutel oder in den Tiefkühlbehälter gelangt. Die Luft trocknet die Oberfläche von gefrorenen Lebensmitteln aus. Dies passiert durch schwankende Temperaturen – aber auch, weil Wasser selbst bei niedrigen Temperaturen verdunstet. Die Stellen, die der Luft ausgesetzt sind, trocknen aus. Es bilden sich unschöne weiße bis graubraune Verfärbungen. Gefrierbrand ist zwar nicht gesundheitsschädlich, aber Konsistenz und Geschmack verändern sich durch ihn. Deshalb sind umweltfreundlichere Verpackungen aus Papier oder Stoff hier leider ungeeignet.

Gut geschützt lange haltbar

Die beste Methode zum Tiefkühlen ist das Vakuumieren. Da den Lebensmitteln dabei die Luft und somit auch der Sauerstoff entzogen wird, sind sie länger haltbar. Während sich bei vakuumierten Saucen und Suppen die Haltbarkeit von etwa drei bis sechs Monaten auf 12 bis 24 Monate verlängert, sind Knödel, die sonst im Gefrierschrank drei bis vier Monate halten, sogar bis zu drei Jahre genießbar.

Bei der Verwendung der gefrorenen Teiglinge ist nur eines zu beachten: Sie dürfen niemals tiefgefroren gekocht werden. Sonst bekommt man sogenannte „Knödelleichen": außen aufgedunsen und innen noch kalt oder sogar noch gefroren. Lassen Sie deshalb die Knödel entweder über Nacht langsam im Kühlschrank auftauen oder stellen Sie sie für das Mittagessen bereits am Morgen, mit einem Tuch abgedeckt, in die Küche. Zur Not können Sie den Auftauprozess – wenn die Zeit knapp wird – in lauwarmem Wasser beschleunigen.

Münchner Semmelknödel mit Rahmschwammerl

Münchner Semmelknödel
Für 15 Knödel:

500 g Toastbrot
150 g Butter
1 Zwiebel
1 Knoblauchzehe
125 ml Milch
Salz, Pfeffer aus der Mühl
frisch geriebene Muskatnuss
1 Bund Petersilie
6 Eier
250 g Speisequark (40 % Fett)
100 g Semmelbrösel • 60 g Mehl

Zubereitungszeit:
ca. 45 Minuten

Den Backofen auf 180 °C vorheizen. Das Toastbrot in feine Würfel schneiden. Die Hälfte davon auf ein Backblech geben und 75 g Butter darauf verteilen. Brotwürfel im Ofen auf der mittleren Schiene etwa 12 Minuten goldbraun rösten.

Zwiebel und Knoblauch schälen und in feine Würfel schneiden. Restliche Butter in einer Pfanne erhitzen, die Zwiebel und den Knoblauch darin andünsten. Milch dazugießen, mit Salz, Pfeffer und Muskatnuss würzen und kurz aufkochen.

Petersilie waschen und trocken schütteln, die Blätter abzupfen und fein hacken. Geröstete und ungeröstete Brotwürfel, Eier, Quark, Semmelbrösel, Mehl, Petersilie und Milch-Zwiebel-Mix gut vermengen. Aus der Masse mit angefeuchteten Händen Knödel abdrehen und in siedendem Salzwasser gar ziehen lassen. Abgetropfte Knödel mit den Rahmschwammerl anrichten. Nach Belieben mit Bröselschmelze garnieren.

Rahmschwammerl
Für 4 Personen:

1 Zwiebel
1 Knoblauch
700 g gemischte Pilze
(Schwammerl; z.B. braune Champignons, Pfifferlinge, Steinpilze, Kräuterseitlinge)
40 g Butter
80 ml Weißwein
125 ml Gemüsebrühe
200 g Sahne
1 Bund gehackte Petersilie
1 TL gemahlener Kümmel
Salz, Pfeffer aus der Mühle

Zubereitungszeit:
ca. 50 Minuten

Die Zwiebel und den Knoblauch schälen und in feine Würfel schneiden.

Die Pilze putzen, ggf. trocken abreiben und klein schneiden (je nach Schwammerlsorte und -größe in Scheiben, Viertel oder Hälften).

Die Butter in einer Pfanne erhitzen, Zwiebel und Knoblauch darin andünsten. Die Schwammerl dazugeben, mitdünsten und mit dem Wein ablöschen. Brühe und die Sahne dazugießen, alles einmal aufkochen lassen und bei schwacher bis mittlerer Hitze etwa 15 Minuten köcheln lassen.

Mit Petersilie, Kümmel, Salz und Pfeffer würzen. Die Rahmschwammerl sind ein perfekter Begleiter zu Semmelknödeln, Pfifferlingsknödeln (siehe S. 96) oder auch zu den „Wuiden" Knödeln (siehe S. 84).

Pfifferlingsknödel auf Ragout von der bayerischen Ente

Für 8 Knödel:

250 g Toastbrot
75 g Butter
150 g Pfifferlinge
1 Zwiebel
1 Knoblauchzehe
60 ml Milch
Salz, Pfeffer aus der Mühle
frisch geriebene Muskatnuss
3 Eier
125 g Speisequark (40 % Fett)
50 g Semmelbrösel
60 g Mehl

Zubereitungszeit:
ca. 1 Stunde

Das Rezept für das Entenragout finden Sie auf S. 100.

Den Backofen auf 180 °C vorheizen. Das Toastbrot in feine Würfel schneiden. Die Hälfte davon auf ein Backblech geben und 40 g Butter darauf verteilen. Brotwürfel im Ofen auf der mittleren Schiene etwa 12 Minuten goldbraun rösten.

Pfifferlinge putzen und, falls nötig, trocken abreiben. In kleine Würfel schneiden. Zwiebel und Knoblauch schälen und in feine Würfel schneiden.

Die restliche Butter in einer Pfanne erhitzen, die Zwiebel und den Knoblauch darin andünsten. Die Pilze dazugeben und kurz mitrösten. Die Milch dazugießen, mit Salz, Pfeffer und Muskatnuss würzen und kurz aufkochen.

Geröstete und ungeröstete Brotwürfel, Pilz-Zwiebel-Mix, Eier, Quark, Semmelbrösel und Mehl zu einem Teig vermengen. Aus der Masse mit angefeuchteten Händen Knödel abdrehen und in siedendem Salzwasser gar ziehen lassen. Herausheben und abtropfen lassen.

Pfifferlingsknödel auf dem Entenragout anrichten und nach Belieben mit Petersilienschmand (siehe Tipp) servieren.

Cremiges Extra:

Geschmacklich abgerundet werden die Pfifferlingsknödel noch mit einem leichten Petersilienschmand: Dazu 4 EL Schmand mit 2 EL gehackter Petersilie verrühren, mit Salz und Pfeffer würzen. Die Knödel mit je 1 Klecks Petersilienschmand und dem Entenragout genießen.

Maronenknödel mit niederbayerischem Wildragout

Für 8–9 Knödel:

250 g Toastbrot
75 g Butter
1 Zwiebel
1 Knoblauchzehe
50 ml Milch
Salz, Pfeffer aus der Mühle
frisch geriebene Muskatnuss
200 g Maronen (vakuumiert und vorgegart)
2 cl Haselnusslikör
3 Eier
50 g Semmelbrösel
125 g Speisequark (40 % Fett)
60 g Mehl

Zubereitungszeit:
ca. 45 Minuten

Das Rezept für das Wildragout finden Sie auf S. 101.

Backofen auf 180 °C vorheizen. Das Toastbrot in feine Würfel schneiden. Die Hälfte davon auf ein Backblech geben und 40 g Butter darauf verteilen. Brotwürfel im Ofen auf der mittleren Schiene etwa 12 Minuten goldbraun rösten.

Zwiebel und Knoblauch schälen und in feine Würfel schneiden. Die restliche Butter in einer Pfanne erhitzen, die Zwiebel und den Knoblauch darin andünsten. Milch dazugießen, mit Salz, Pfeffer und Muskatnuss würzen und kurz aufkochen.

100 g Maronen fein hacken, den Rest im Küchenmixer zerkleinern oder durch den Fleischwolf in eine große Schüssel drehen. Milch-Zwiebel-Mix, Maronen, Haselnusslikör, Eier, Semmelbrösel, Quark und Mehl mit den gerösteten und ungerösteten Brotwürfeln zu einem Teig vermengen.

Aus der Masse mit angefeuchteten Händen Knödel abdrehen und in siedendem Salzwasser gar ziehen lassen. Herausheben, abtropfen lassen und mit dem Wildragout anrichten. Nach Belieben mit karamellisierten Maronenstückchen und Thymianblättchen garniert servieren.

Ragout von der bayerischen Ente

Für 4 Personen:

900 g Entenbrustfilets
2 Karotten
300 g Knollensellerie
1 kleine Stange Lauch
2 rote Zwiebeln
2 Orangen (davon 1 bio)
4 EL Tomatenmark
350 ml Rotwein
600 ml Entenfond
je 1 Zweig Rosmarin und Thymian
1 kleine Zimtstange
1 getrocknetes Lorbeerblatt
Salz, Pfeffer aus der Mühle
30 g kalte Butter

Zubereitung:
ca. 2 Stunden

Das Rezept für die Pffferlingsknödel finden Sie auf S. 96.

Die Haut von den Entenbrüsten abziehen und beiseitelegen. Das Fleisch in etwa 2 cm große Würfel schneiden.

Die Karotten und den Sellerie putzen, schälen und in 1 cm große Würfel schneiden. Den Lauch putzen, waschen und in Ringe schneiden. Die Zwiebeln schälen und in feine Würfel schneiden.

Die Bio-Orange heiß waschen, trocken reiben und die Schale fein abreiben. Beide Orangen auspressen.

Die Entenhaut in einer großen Pfanne ohne Fett auslassen, die Haut herausnehmen. Das Fleisch in dem Entenfett rundum goldbraun anbraten, herausnehmen und beiseitestellen. Das Gemüse in der Pfanne anbraten, das Tomatenmark unterrühren und kurz mitrösten.

Mit Orangensaft und Wein ablöschen und um ein Drittel einköcheln lassen. Fond und angebratene Entenwürfel hinzufügen. Kräuter waschen, trocken tupfen und mit Zimtstange und Lorbeerblatt ebenfalls dazugeben. Alles mit Salz und Pfeffer würzen und zugedeckt bei schwacher Hitze etwa 40 Minuten köcheln lassen.

Das Fleisch aus der Sauce nehmen. Kräuter, Zimtstange und Lorbeerblatt entfernen. Die Sauce durch ein Sieb in einen Topf passieren und bis auf ein Viertel einköcheln lassen. Nochmals mit Salz und Pfeffer abschmecken und die Sauce mit Butterflocken binden. Das Fleisch wieder dazugeben und das Entenragout zu den Pfifferlingsknödeln servieren.

Niederbayerisches Wildragout

Für 4 Personen:

200 g Wurzelgemüse (Karotten, Knollensellerie, Lauch)
2 Zwiebeln
1 Knoblauchzehe
6 EL Öl
1 kg Hirschschulter (à ca 20 g schwere Würfel)
60 g Speckwürfel
1 EL Tomatenmark
100 ml Portwein
½ l trockener Rotwein
½ l Wildfond oder Gemüsefond
1 getrocknetes Lorbeerblatt
3 Wacholderbeeren
4 Korianderkörner
je 1 Zweig Rosmarin und Thymian
abgeriebene Schale von ½ Bio-Orange
Salz, Pfeffer aus der Mühle
2 EL Preiselbeermarmelade (aus dem Glas)
1 TL scharfer Senf
einige kalte Butterwürfel (nach Belieben)

Zubereitung:
ca. 1 ½ Stunden

Das Rezept für die Maronenknödel finden Sie auf S. 98.

Karotte und Knollensellerie putzen, schälen und in etwa gleich große Würfel wie das Fleisch schneiden. Den Lauch putzen, waschen und in Scheiben schneiden. Die Zwiebeln und den Knoblauch schälen und in feine Würfel schneiden.

Das Öl in einer Pfanne erhitzen und das Hirschfleisch darin rundum scharf anbraten. Dann in einen Topf geben.

In der Pfanne im Bratensatz die Speckwürfel glasig rösten und mit in den Topf geben. In der Pfanne Zwiebeln, Knoblauch und Wurzelgemüse goldgelb anrösten. Das Tomatenmark dazugeben und kurz mitrösten. Mit Portwein ablöschen und etwas einköcheln lassen.

Das Ganze zum Fleisch in den Topf geben. Wein dazugießen und nochmals um ein Viertel einkochen lassen. Mit dem Fond aufgießen, die Gewürze in einem Gewürzsäckchen dazugeben, mit Salz und Pfeffer würzen und alles zugedeckt bei schwacher Hitze weich dünsten.

Sie haben zwei Möglichkeiten, das Ragout fertigzustellen:

Variante 1: Das Fleisch in einen neuen Topf geben. Das Gewürzsäckchen entfernen, Preiselbeermarmelade und Senf zum Gemüse geben und alles mit dem Stabmixer fein pürieren, sodass eine sämige Sauce entsteht. Sauce wieder mit dem Fleisch mischen.

Variante 2: Preiselbeermarmelade und Senf zum Ragout in den Topf geben und die Sauce mit Butterwürfeln binden.

Das Wildragout mit Salz und Pfeffer abschmecken und zu den Maronenknödeln servieren.

Trüffelknödel mit Amarone-Kalbsragout

Trüffelknödel
Für 8–9 Knödel:

250 g Toastbrot
150 g Butter
1 Zwiebel
60 ml Milch
Salz, Pfeffer aus der Mühle
frisch geriebene Muskatnuss
150 g schwarze Trüffelpaste
3 Eier
125 g Speisequark (40 % Fett)
30 g Mehl

Außerdem:
2 EL Schmand • ½ EL Trüffelpaste

Zubereitungszeit:
ca. 50 Minuten

Den Backofen auf 180 °C vorheizen. Das Toastbrot in feine Würfel schneiden. Die Hälfte davon auf ein Backblech geben und 75 g Butter darauf verteilen. Brotwürfel im Ofen auf der mittleren Schiene etwa 12 Minuten goldbraun rösten.

Die Zwiebel schälen und in feine Würfel schneiden. Die restliche Butter in einer Pfanne erhitzen und die Zwiebelwürfel darin andünsten. Die Milch dazugießen, mit Salz, Pfeffer und Muskatnuss würzen und kurz aufkochen.

Trüffelpaste, Eier, Quark, Mehl, geröstete und ungeröstete Brotwürfel in eine Schüssel geben und mit dem Milch-Zwiebel-Mix zu einem Teig vermengen.

Aus der Masse mit angefeuchteten Händen Knödel abdrehen und in siedendem Salzwasser gar ziehen lassen. Herausheben, abtropfen lassen und mit dem Kalbsragout anrichten. Den Schmand mit der Trüffelpaste verrühren und das Gericht damit toppen.

Amarone-Kalbsragout
Für 4 Personen:

800 g Kalbfleisch (aus der Schulter)
150 g Schalotten • 5 EL Öl
1 EL Tomatenmark
200 ml Amarone (ital. Rotwein; siehe Tipp)
450 ml Kalbsfond
200 g Sahne
1 getrocknetes Lorbeerblatt
¼ TL getrockneter Thymian
abgeriebene Schale von ½ Bio-Zitrone
Salz, Pfeffer aus der Mühle

Zubereitungszeit:
ca. 1 ¼ Stunden

Das Kalbfleisch in etwa 2 cm große Würfel schneiden. Die Schalotten schälen und in feine Würfel schneiden. Das Öl in einer Pfanne erhitzen, die Fleischwürfel darin bei starker Hitze anbraten und anschließend in einen großen Topf geben.

Die Schalotten in der noch heißen Pfanne andünsten. Das Tomatenmark hinzufügen, kurz mitrösten, mit dem Amarone ablöschen und die Flüssigkeit leicht reduzieren lassen.

Das Fleisch im Topf mit dem Rotweinsud übergießen, den Kalbsfond dazugeben und zugedeckt bei mittlerer Hitze etwa 45 Minuten garen. Nach der Hälfte der Garzeit Sahne, Lorbeerblatt, Thymian und Zitronenschale hinzufügen.

Das Amarone-Kalbsragout zum Servieren mit Salz und Pfeffer abschmecken.

Amarone kommt aus Venetien. Dieser schwere, trockene Rotwein wird aus luftgetrockneten Trauben verschiedener Rebsorten gepresst, was ihm ein besonders intensives Aroma verleiht.

Kräuterknödel auf Alpenkäsesauce

Kräuterknödel
Für 12–13 Knödel:

500 g Vollkornbrot
150 g Butter
1 Zwiebel • 1 Knoblauchzehe
125 ml Milch
Salz, Pfeffer aus der Mühle
frisch geriebene Muskatnuss
5 Eier
250 g Speisequark (40 % Fett)
100 g Vollkorn-Semmelbrösel
120 g Vollkornmehl
2 Bund gehackte gemischte Kräuter (z. B: Petersilie, Kerbel, Salbei, Rosmarin)

Zubereitungszeit:
ca. 50 Minuten

Den Backofen auf 180 °C vorheizen. Das Vollkornbrot in kleine Würfel schneiden. Die Hälfte davon auf ein Backblech geben und 75 g Butter darauf verteilen. Brotwürfel im Ofen auf der mittleren Schiene etwa 10 Minuten goldbraun rösten.

Zwiebel und Knoblauch schälen und in feine Würfel schneiden. Die restliche Butter in einer Pfanne erhitzen, die Zwiebel und den Knoblauch darin andünsten. Milch dazugießen, mit Salz, Pfeffer und Muskatnuss würzen und kurz aufkochen.

Geröstetes und ungeröstetes Vollkornbrot, Eier, Quark, Semmelbrösel und Mehl in einer Schüssel mit dem Milch-Zwiebel-Mix und den Kräutern zu einem Teig vermengen.

Aus der Masse mit angefeuchteten Händen Knödel abdrehen und in siedendem Salzwasser gar ziehen lassen. Herausheben, abtropfen lassen und mit der Alpenkäsesauce anrichten. Nach Belieben mit Kräutern und essbaren Blüten garnieren.

Alpenkäsesauce
Für 4 Personen:

100 g Sahne • 200 ml Milch
250 g Alpenhartkäse
Salz, Pfeffer aus der Mühle

Zubereitungszeit:
ca. 15 Minuten

Sahne und Milch in einem Topf erhitzen. Den Alpenhartkäse fein reiben, zur Sahnemilch geben und unter ständigem Rühren bei schwacher Hitze drin auflösen. Die Alpenkäsesauce mit Salz und Pfeffer abschmecken.

Gut zu wissen:

Neben ätherischen Ölen enthalten Kräuter auch noch andere Inhaltsstoffe wie Harze, Bitter- oder Gerbstoffe, Säuren, viele Mineralstoffe und Vitamine.
Verwenden Sie für die Sauce Ihren zartschmelzenden Lieblingskäse – erlaubt ist, was schmeckt! Wichtig ist bei diesem Rezept beständiges Rühren, denn die Sauce brennt leicht an.

Kaspressknödel mit Wildkräutersalat

Kaspressknödel
Für 8 Knödel:

250 g Toastbrot
1 Zwiebel
1 Knoblauchzehe
30 g Butter
150 ml Milch
Salz, Pfeffer aus der Mühle
frisch geriebene Muskatnuss
½ Bund Petersilie
200 g Tiroler Almkäse (oder anderer Bergkäse; am Stück)
3 Eier
50 g Butterschmalz

Zubereitungszeit:
ca. 45 Minuten (inkl. 20 Minuten Ziehzeit)

Das Toastbrot in kleine Würfel schneiden und in eine Schüssel geben. Die Zwiebel und den Knoblauch schälen und in feine Würfel schneiden.

Die Butter in einer Pfanne erhitzen und die Zwiebel und den Knoblauch darin andünsten. Die Milch dazugießen und mit Salz, Pfeffer und Muskatnuss würzen und kurz aufkochen lassen. Über die Brotwürfel gießen und zugedeckt etwa 20 Minuten ziehen lassen.

Petersilie waschen, trocken schütteln, die Blätter abzupfen und fein hacken. Käse in feine Würfel schneiden. Petersilie, Käse und Eier zur Brotmasse geben und alles gut vermengen. Aus der Masse mit angefeuchteten Händen Knödel abdrehen.

Das Butterschmalz in einer Pfanne erhitzen, die Knödel etwas flach drücken und im Butterschmalz auf jeder Seite etwa 5 Minuten goldbraun braten. Mit dem Wildkräutersalat anrichten.

Wildkräutersalat
Für 4 Personen:

je 1 Handvoll Löwenzahn, Sauerampfer, Wasserkresse, Kerbel und Gänseblümchen
1 Schalotte
4 EL Rosmarinöl
2 EL Himbeeressig
1 TL Djon-Senf
1 EL Waldhonig
2 EL gemischte, gehackte Kräuter (z.B. Kerbel, Basilikum, Kresse, Schnittlauch)
Salz, Pfeffer aus der Mühle
100 g Himbeeren

Zubereitungszeit:
ca. 10 Minuten

Löwenzahnblätter waschen, trocken tupfen und in Stücke schneiden. Die Blätter von Sauerampfer, Wasserkresse und Kerbel von den Stielen zupfen, sorgfältig waschen und anschließend in der Salatschleuder trocken schleudern (oder einfach auf Küchenpapier verteilen und abtropfen lassen). Gänseblümchenköpfe von den Stielen trennen und ebenfalls vorsichtig waschen.

Schalotte schälen und in feine Würfel schneiden. Öl, Essig, Schalotte, Senf, Honig und gehackte Kräuter zu einer Vinaigrette verrühren und mit 1 Prise Salz und Pfeffer würzen.

Wildkräuter (bis auf Gänseblümchen) mit der Vinaigrette mischen, Himbeeren und Gänseblümchen darüberstreuen.

Kaspressknö-
del sind eine west-
österreichische Spezialität.
Für die flach gepressten Knö-
deln werden regionale, sehr ge-
schmacksintensive Käsesorten
verwendet: in Salzburg Bier-
käse, in Tirol Bergkäse
oder Graukäse.

Schafskäseknödel auf Oliven-Paprika-Auberginen-Ragout

Für 8 Knödel:

250 g Toastbrot
75 g Butter
1 Zwiebel
1 Knoblauchzehe
60 ml Schafsmilch
Salz, Pfeffer aus der Mühle
frisch geriebene Muskatnuss
150 g Schafskäse
3 Eier
125 g Speisequark aus Schafsmilch
50 g Mehl
50 g Semmelbrösel
½ TL gehackter Rosmarin
½ TL gehackter Thymian

Zubereitungszeit:
ca. 50 Minuten

Das Rezept für das Oliven-Paprika-Auberginen-Ragout finden Sie auf S. 112.

Den Backofen auf 180 °C vorheizen. Das Toastbrot in feine Würfel schneiden. Die Hälfte davon auf ein Backblech geben und 40 g Butter darauf verteilen. Brotwürfel im Ofen auf der mittleren Schiene etwa 12 Minuten goldbraun rösten.

Die Zwiebel und den Knoblauch schälen und in feine Würfel schneiden. Restliche Butter in einer Pfanne erhitzen, die Zwiebel und den Knoblauch darin andünsten. Die Schafsmilch dazugießen, mit Salz, Pfeffer und Muskatnuss würzen und aufkochen.

Den Schafskäse fein zerbröckeln und mit Eiern, Quark, Mehl, Semmelbröseln, gerösteten und ungerösteten Brotwürfeln in eine Schüssel geben. Den Schafsmilch-Zwiebel-Mix und die gehackten Kräuter hinzufügen und alles zu einem Teig vermengen.

Aus der Masse mit angefeuchteten Händen Knödel abdrehen und in siedendem Salzwasser gar ziehen lassen. Herausheben, abtropfen lassen und mit dem Oliven-Paprika-Auberginen-Ragout anrichten. Nach Belieben mit Schafskäsebrösel und frittierten Kapern garnieren.

Echt Schaf:

Schafskäse reift für 45 bis 60 Tage ohne Luftzufuhr bei einer Temperatur von 10 °C in einer Salzlake. Schafsmilch hat einen höheren Anteil an Vitaminen und Proteinen als Kuhmilch und ist aufgrund ihrer guten Verträglichkeit vor allem bei Allergikern beliebt.

Polenta-Parmesan-Knödel auf mediterranem Gemüsesugo

Für 8–10 Knödel:

½ l Milch
70 g Butter
Salz, Pfeffer aus der Mühle
frisch geriebene Muskatnuss
200 g Instant-Polenta (Maisgrieß)
2 Eier
2 Eigelb
2 EL Speisestärke
40 g geriebener Parmesan
½ Bund gehackte Petersilie

Zubereitungszeit:
ca. 3 ½ Stunden (inkl. 2 ½ Stunden Abkühlzeit)

Das Rezept für den mediterranen Gemüsesugo finden Sie auf S. 113.

Die Milch mit der Butter, 1 TL Salz, Pfeffer und Muskatnuss in einem großen Topf zum Kochen bringen. Die Polenta unter ständigem Rühren mit einem Schneebesen langsam einrieseln lassen und glatt rühren. Die Polenta bei schwacher Hitze etwa 5 Minuten quellen lassen, dabei immer wieder umrühren.

Eier und Eigelbe nacheinander unter die Polenta rühren. Speisestärke, Parmesan und Petersilie hinzufügen und ebenfalls unterrühren. Die Polenta in eine Schüssel umfüllen, zudecken und mindestens 2 ½ Stunden abkühlen lassen.

Aus der kalten Polentamasse mit angefeuchteten Händen Knödel abdrehen und in siedendem Salzwasser gar ziehen lassen. Herausheben, abtropfen lassen und mit dem mediterranem Gemüsesugo anrichten. Nach Belieben mit Basilikum und Oregano garnieren.

Gut zu wissen:

Der einst von Christoph Kolumbus mit nach Europa gebrachte Mais begann erst nach 1650 in der italienischen Küche Verwendung zu finden. Im 17. Jahrhundert war Maisbrei als „Arme-Leute-Essen“ weitverbreitet. Bis heute ist Polenta sehr populär in der italienischen Küche.
Wer eine Küchenmaschine zu Hause hat, kann das Gemüse damit ruckzuck zerkleinern. Natürlich schmecken auch andere Gemüsesorten in diesem Sugo: Kochen heißt schließlich, mit viel Leidenschaft kreativ zu sein! Probieren Sie einfach aus, was Ihnen am besten schmeckt.

Oliven-Paprika-Auberginen-Ragout

Für 4 Personen:

1–2 Auberginen (je nach Größe)
je 2 gelbe und rote Paprikaschoten
1 rote Zwiebel
1 Knoblauchzehe
30 g grüne Oliven (ohne Stein)
2 Stiele Basilikum
2–3 Zweige Thymian
2 EL Olivenöl
1 EL Tomatenmark
300 ml Gemüsebrühe
1 TL Kapern
Salz, Pfeffer aus der Mühle

Zubereitungszeit:
ca. 40 Minuten

Das Rezept für die Schafskäseknödel finden Sie auf S. 108.

Die Auberginen putzen, waschen, längs halbieren und in etwa 1 cm dicke Scheiben schneiden. Die Paprikaschoten längs halbieren, entkernen, waschen und in etwa 2 ½ cm große Rauten schneiden.

Die Zwiebel und den Knoblauch schälen und in feine Würfel schneiden. Die Oliven in Scheiben schneiden. Kräuter waschen und trocken tupfen, Blätter abzupfen und fein hacken.

In einer Pfanne das Olivenöl erhitzen, die Zwiebel und den Knoblauch darin andünsten. Auberginen und Paprika dazugeben und mit anbraten, sodass das Gemüse leicht Farbe bekommt. Tomatenmark unterrühren und kurz mitrösten. Mit der Brühe ablöschen.

Olivenscheiben und Kapern dazugeben, gut untermischen und das Ragout bei mittlerer Hitze 5 bis 10 Minuten garen. Mit Kräutern, Salz und Pfeffer abschmecken und zum Schafskäseknödel servieren.

Mediterranes Gemüsesugo

Für 4 Personen:

1 Zucchini
1 gelbe Paprikaschote
2 Tomaten
100 g Hokkaidokürbis
1 Karotte
100 g Egerlinge
1 rote Zwiebel
1 Knoblauchzehe
3 EL Olivenöl
2 EL Tomatenmark
175 ml trockener Rotwein
400 ml geschälte Tomaten (aus der Dose)
½ Bund Basilikum
1 Zweig Rosmarin
1 Stiel Oregano
Salz, Pfeffer aus der Mühle
Zucker

Zubereitungszeit:
ca. 2 Stunden

Das Rezept für die Polenta-Parmesan-Knödel finden Sie auf S. 110.

Zucchini, Paprika, Tomaten und Kürbis putzen und waschen, die Karotte putzen und schälen. Die Pilze putzen und, falls nötig, trocken abreiben. Pilze und Gemüse separat in kleine Würfel schneiden, von den Tomaten dabei die Stielansätze entfernen.

Die Zwiebel und den Knoblauch schälen und in feine Würfel schneiden. Das Olivenöl in einem Topf erhitzen, die Zwiebel und den Knoblauch darin andünsten. Kürbis- und Karottenwürfel dazugeben und kurz mitbraten. Das Tomatenmark unterrühren, mit Rotwein ablöschen und einkochen lassen.

Restliches Gemüse und die Dosentomaten mit in den Topf geben und den Sugo bei schwacher Hitze etwa 1 ½ Stunden köcheln lassen. Dabei gelegentlich umrühren, damit der Gemüsesugo nicht am Topfboden ansetzt.

Inzwischen Basilikum, Rosmarin und Oregano waschen und trocken schütteln. Blätter bzw. Nadeln abzupfen und fein hacken. Die Kräuter etwa 20 Minuten vor Ende der Garzeit zum Gemüsesugo in den Topf geben und diesen mit Salz, Pfeffer und 1 Prise Zucker abschmecken.

Parmaschinkenknödel auf angeschwenktem Rucola mit Grana-Padano-Sauce

Parmaschinkenknödel
Für 8–9 Knödel:

250 g Toastbrot
75 g Butter
200 g Parmaschinken
1 Zwiebel
1 Knoblauchzehe
60 ml Milch
Salz, Pfeffer aus der Mühle
frisch geriebene Muskatnuss
3 Eier
125 g Speisequark (40 % Fett)
50 g Semmelbrösel
60 g Mehl

Außerdem:
8 Scheiben Parmaschinken (nach Belieben)

Zubereitungszeit:
ca. 45 Minuten

Den Backofen auf 180 °C vorheizen. Das Toastbrot in feine Würfel schneiden. Die Hälfte davon auf ein Backblech geben und 40 g Butter darauf verteilen. Brotwürfel im Ofen auf der mittleren Schiene etwa 12 Minuten goldbraun rösten.

Den Parmaschinken in feine Streifen schneiden und in einer Pfanne in etwas Butter leicht knusprig anbraten.

Zwiebel und Knoblauch schälen und in feine Würfel schneiden. Restliche Butter in einer Pfanne erhitzen, die Zwiebel und den Knoblauch darin andünsten. Milch dazugießen, mit Salz, Pfeffer und Muskatnuss würzen und kurz aufkochen.

Geröstete und ungeröstete Brotwürfel, Schinken, Eier, Quark, Semmelbrösel, Mehl und Milch-Zwiebel-Mix gut vermengen. Aus der Masse mit angefeuchteten Händen Knödel abdrehen. Knödel in siedendem Salzwasser gar ziehen lassen.

Herausheben, abtropfen lassen und auf dem angeschwenkten Rucola anrichten. Mit der Grana-Padano-Sauce nappieren. Nach Belieben 2 Scheiben Parmaschinken pro Portion knusprig anbraten und die Knödel damit garnieren.

Durchgeschwenkter Rucola und Grana-Padano-Sauce
Für 4 Personen:

400 g Rucola
2 Schalotten
1 Fleischtomate
2 EL Butter
Salz, Pfeffer aus der Mühle
100 g Sahne • 200 ml Milch
250 g Grana Padano

Zubereitungszeit:
ca. 20 Minuten

Für den durchgeschwenkten Rucola den Rucola verlesen, waschen und trocken schleudern, grobe Stiele entfernen. Schalotten schälen und in feine Würfel schneiden. Tomate waschen, vierteln, entkernen und in feine Würfel schneiden.

In einer großen Pfanne Butter erhitzen und Schalotten darin glasig andünsten. Rucola und Tomatenwürfel dazugeben und 2 bis 3 Minuten anschwenken. Mit Salz und Pfeffer würzen.

Für die Grana-Padano-Sauce Sahne und Milch in einem Topf bei mittlerer Hitze erwärmen. Den Grana Padano fein reiben, dazugeben und unter ständigem Rühren bei schwacher Hitze schmelzen – so kann nichts anbrennen. Die Sauce mit Salz und Pfeffer würzen.

Spinat-Ricotta-Knödel mit Salbeibutter

Spinat-Ricotta-Knödel
Für 8–9 Knödel:

250 g Toastbrot
50 g Butter
125 g Babyspinat
25 g Parmesan (am Stück)
1 Zwiebel
1 Knoblauchzehe
125 g Ricotta
2 Eier
25 g Semmelbrösel
30 g Mehl
abgeriebene Schale von ½ Bio-Zitrone
Salz, Pfeffer aus der Mühle
frisch geriebene Muskatnuss

Zubereitungszeit:
ca. 1 Stunde

Den Backofen auf 180 °C vorheizen. Das Toastbrot in feine Würfel schneiden. Die Hälfte davon auf ein Backblech geben und 25 g Butter darauf verteilen. Brotwürfel im Ofen auf der mittleren Schiene etwa 12 Minuten goldbraun rösten.

Den Spinat verlesen, waschen, blanchieren und im Eiswasser abschrecken. Herausnehmen und in einem Baumwolltuch gut ausdrücken – je trockener der Spinat ist, desto besser (siehe Tipp S. 75). Danach fein hacken.

Parmesan fein reiben. Die Zwiebel und den Knoblauch schälen und in feine Würfel schneiden. Restliche Butter in einer Pfanne erhitzen, Zwiebel und Knoblauch darin andünsten.

Geröstete und ungeröstete Brotwürfel, Spinat, Parmesan, Zwiebel und Knoblauch in eine Schüssel geben und mit Ricotta, Eiern, Semmelbröseln und Mehl mischen. Mit Zitronenschale, Salz, Pfeffer und Muskatnuss würzen und alles zu einem Teig vermengen.

Aus der Masse mit angefeuchteten Händen Knödel abdrehen und in siedendem Salzwasser gar ziehen lassen. Herausheben und abtropfen lassen. Mit der Salbeibutter anrichten und nach Belieben mit frittierten Salbeiblättern garnieren.

Salbeibutter
Für 4 Personen:

½ Bund Salbei
100 g Butter
Salz, Pfeffer aus der Mühle

Zubereitungszeit:
ca. 10 Minuten (inkl. Ziehzeit)

Den Salbei waschen und trocken tupfen, Blätter abzupfen und fein schneiden.

Die Butter in einem kleinen Topf zerlassen und den Salbei unterrühren. Mit Salz und Pfeffer würzen, vom Herd nehmen und kurz durchziehen lassen.

Ricotta ist ein Frischkäse, der aus Molke gewonnen wird. Ersetzen lässt er sich durch körnigen Frischkäse oder Hüttenkäse.

Frische Zutaten für eine gesunde Ernährung

Frisch, vielseitig und abwechslungsreich – gesunde Ernährung ist heute die oberste Maxime. Die Empfehlung von Ernährungsexperten lautet, sich möglichst pflanzenbetont zu ernähren. Lebensmittel wie Kartoffeln, Getreide, Obst und Gemüse liefern reichlich Vitamine, Mineral- und Ballaststoffe. Hülsenfrüchte, Nüsse oder Kerne enthalten hochwertiges Eiweiß. Tierische Lebensmittel wie Fleisch und Milchprodukte sollten Sie nur in kleineren Mengen und möglichst fettarm verzehren.

Gute Ernährung fängt schon beim gut geplanten Einkauf an. Je frischer Lebensmittel sind, desto höher ist ihr Vitamin- und Mineralstoffgehalt. Kaufen Sie deshalb neben lange haltbaren Waren zwei- oder dreimal die Woche kleine Mengen an frischen Zutaten ein. Eine Einkaufsliste hilft dabei. Wer dennoch auf Konserven – wie zum Beispiel Tomaten – zurückgreifen muss, sollte darauf achten, dass sie ohne Zusätze hergestellt wurden.

Bereits eine Kartoffel versorgt Sie mit großen Mengen an Kalium, Magnesium, Kupfer und Mangan. Außerdem sind Kartoffeln eine gute Quelle für Vitamin C.

Möglichst unverarbeitet

Am gesündesten und nachhaltigsten ist der Kauf direkt vom Erzeuger, weil bei der Verarbeitung Vitamine und Nährstoffe verloren gehen. Je mehr Verarbeitungsschritte zwischen Ernte und Verzehr liegen, desto niedriger ist der Vitalstoffgehalt von Obst und Gemüse. Oft enthalten verarbeitete Nahrungsmittel große Mengen an Zucker, Salz oder ungesunden Fetten, Verdickungsmitteln, Aromen und Geschmacksverstärkern. Die Frischeregale vieler Supermärkte bieten inzwischen gute regionale und saisonale Ware, mit deren Kauf auch die einheimische Landwirtschaft unterstützt wird.

Eine Ausnahme ist Tiefkühlgemüse. Dieses wird in der Regel gleich nach der Ernte eingefroren. Deshalb sind in Tiefkühlprodukten manchmal sogar mehr Vitamine als in gelagerter Ware enthalten. Denn mit der Zeit sinkt der Nährstoffgehalt durch Licht und Wärme deutlich ab. Bereits beim Einkauf aus der Kühltruhe sollten Sie darauf achten, dass Packungen nicht beschädigt sind und das Haltbarkeitsdatum noch ausreichend lang ist. Achtung: Ist ein Tiefkühlprodukt stark vereist, wurde vermutlich die Kühlkette unterbrochen.

Grüne Gemüsesorten wie Brokkoli, Spinat und Mangold sind besonders arm an Fett und Kohlenhydraten, dafür eine gute Quelle für Mineral- und Ballaststoffe.

Auch Ihr Umgang mit Lebensmitteln beeinflusst deren Qualität und hat direkten Einfluss auf Ihre Gesundheit. Leicht verderbliche Waren sollten deshalb immer am Ende des Einkaufs eingepackt und schnell nach Hause transportiert werden. Ungekühlt sollte der Transport nicht länger als eine Stunde dauern – verwenden Sie bei längeren Wegen eine Kühltasche. Achtung: Auslaufender Fleischsaft darf nicht mit roh zu verzehrenden Lebensmitteln in Kontakt kommen, da in ihm Salmonellen enthalten sein könnten.

Ein Auge für Qualität

Beim Fleischkauf sind generell einige Besonderheiten zu beachten: Fleisch sollte feuchte Schnittflächen und keine Trockenränder haben. Außerdem darf es nicht im eigenen Saft liegen. Rindfleisch hat eine kräftige rote Farbe und das Fett ist weiß. Passen Sie deshalb bei heller oder sehr dunkler Färbung auf. Schweinefleisch dagegen soll rosa bis hellrosa sein. Frisches Geflügelfleisch hat eine Farbpalette von hellgelb – durch die Fütterung mit Mais – bis rosa, glänzt leicht und hat einen neutralen Geruch. Es darf aber nicht glitschig sein. Blutunterlaufene Stellen zeugen von schlechter Qualität.

Achten Sie beim Kauf von Fisch darauf, dass die Kiemen hell- bis glänzend rot und die Augen klar sind.

Obst und Gemüse sollten immer frisch und knackig aussehen, keine Druck-, Faulstellen oder braunen Ränder haben. Die Blätter dürfen nicht welk und Schnittflächen nicht eingetrocknet sein.

Karotten, Rote Bete, Paprika oder Tomaten sind nicht nur gesund, sondern bringen auch Farbe in Ihre Knödelgerichte.

Wiener-Schnitzel-Knödel mit Rucola-Kartoffel-Salat

Für 12–14 Knödel:

Für die Wiener Schnitzel:
2 kleine Kalbsschnitzel (aus der Oberschale; à 100 g)
Salz, Pfeffer aus der Mühle
ca. 15 g Mehl
ca. 25 g Semmelbrösel
1 Ei
Butterschmalz oder Sonnenblumenöl zum Ausbacken

Für die Knödel:
250 g Toastbrot
75 g Butter
1 Zwiebel
1 Knoblauchzehe
60 ml Milch
Salz, Pfeffer aus der Mühle
frisch geriebene Muskatnuss
3 Eier
125 g Speisequark (40 % Fett)
100 g Kalbfleischbrät
50 g Semmelbrösel
60 g Mehl
abgeriebene Schale von je ½ Bio-Zitrone und Bio-Orange

Außerdem:
Semmelbrösel zum Wenden
Butterschmalz zum Ausbacken

Zubereitungszeit:
ca. 1 ½ Stunden

Das Rezept für den Rucola-Kartoffel-Salat finden Sie auf S. 124.

Für die Wiener Schnitzel die Kalbsschnitzel waschen, trocken tupfen, mit Salz und Pfeffer würzen. Mehl und Semmelbrösel in tiefe Teller geben. In einem dritten Teller das Ei verquirlen. Das Fleisch zuerst im Mehl wenden, dann durch das Ei ziehen und zuletzt in den Bröseln wenden.

Die Schnitzel in Buttermalz oder Sonnenblumenöl auf beiden Seiten goldbraun ausbacken. Abkühlen lassen und in kleine Würfel schneiden.

Für die Knödel den Backofen auf 180 °C vorheizen. Toastbrot in feine Würfel schneiden. Die Hälfte davon auf ein Backblech geben und 40 g Butter darauf verteilen. Brotwürfel im Ofen auf der mittleren Schiene etwa 12 Minuten goldbraun rösten.

Die Zwiebel und den Knoblauch schälen und in feine Würfel schneiden. Die restliche Butter in einer Pfanne erhitzen und Zwiebel und Knoblauch darin andünsten. Die Milch dazugießen, mit Salz, Pfeffer und Muskatnuss würzen und kurz aufkochen.

Geröstete und ungeröstete Brotwürfel, Schnitzelwürfel, Eier, Quark, Kalbsbrät, Semmelbrösel, Mehl, Zitrusschalen und Milch-Zwiebel-Mix in einer Schüssel gut vermengen.

Aus der Masse mit angefeuchteten Händen kleine Knödel abdrehen und in Semmelbröseln wälzen. Die Wiener-Schnitzel-Knödel in Butterschmalz ausbacken, herausnehmen und auf Küchenpapier abtropfen lassen. Auf dem Rucola-Kartoffel-Salat anrichten. Nach Belieben mit Preiselbeermarmelade und getrockneten Zitronenscheiben garnieren.

Knödel vom weißen Spargel mit Tomatenpesto und Basilikumsauce

Für 8–9 Knödel:

250 g Toastbrot
75 g Butter
500 g weißer Spargel
Zucker
Salz
1 Zwiebel
1 Knoblauchzehe
50 ml Milch
Pfeffer aus der Mühle
frisch geriebene Muskatnuss
3 Eier
125 g Speisequark (40 % Fett)
50 g Semmelbrösel
60 g Mehl

Zubereitungszeit:
ca. 50 Minuten

Das Rezept für Tomatenpesto und Basilikumsauce finden Sie auf S. 125.

Den Backofen auf 180 °C vorheizen. Das Toastbrot in feine Würfel schneiden. Die Hälfte davon auf ein Backblech geben und 40 g Butter darauf verteilen. Brotwürfel im Ofen auf der mittleren Schiene etwa 12 Minuten goldbraun rösten.

Inzwischen den Spargel schälen und die holzigen Enden entfernen. Spargel in reichlich Wasser mit etwas Zucker und Salz bissfest garen. Herausheben und auf Küchenpapier abkühlen lassen. Die Hälfte des Spargels mit der Milch fein pürieren, die andere Hälfte in feine Stücke schneiden.

Zwiebel und Knoblauch schälen und in feine Würfel schneiden. Restliche Butter in einer Pfanne erhitzen, die Zwiebel und den Knoblauch darin andünsten. Spargel-Milch dazugießen, mit Salz, Pfeffer und Muskatnuss würzen und kurz aufkochen.

Geröstete und ungeröstete Brotwürfel, Spargel, Eier, Quark, Semmelbrösel, Mehl und Milch-Spargel-Mix in einer Schüssel gut vermengen. Falls die Masse zu feucht ist, noch etwas Semmelbrösel dazugeben.

Aus der Masse mit angefeuchteten Händen Knödel abdrehen und in siedendem Salzwasser gar ziehen lassen. Herausheben, abtropfen lassen und mit dem Tomatenpesto und der Basilikumsauce anrichten. Nach Belieben mit Parmesanspänen und Basilikum garnieren.

Rucola-Kartoffel-Salat

Für 4 Personen:

1 kg festkochende Kartoffeln
Salz
350 ml Rindfleischbrühe (Rezept siehe S. 44)
2–3 Schalotten
5–6 EL Weißweinessig
4–5 EL Sonnenblumenöl
1 EL mittelscharfer Senf
Pfeffer aus der Mühle
Zucker
50 g Rucola

Zubereitungszeit:
ca. 45 Minuten

Das Rezept für die Wiener-Schnitzel-Knödel finden Sie auf S. 120.

Die Kartoffeln mit der Schale waschen und in reichlich Salzwasser weich garen.

Kartoffeln abgießen, ausdampfen lassen, möglichst heiß pellen und in feine Scheiben schneiden. Vorsichtig in eine Salatschüssel geben.

Die Brühe erhitzen. Schalotten schälen und in feine Würfel schneiden. Beides mit Essig, Öl, Senf, Salz, Pfeffer und Zucker zu einer Marinade verrühren und mit den Kartoffeln mischen.

Rucola verlesen, waschen und trocken schleudern, grobe Stiele entfernen. Rucola unter den Kartoffelsalat mischen und den Salat zu den Wiener-Schnitzel-Knödeln servieren.

Tomatenpesto und Basilikumsauce

Tomatenpesto
Für 4 Personen:

40 g Pinienkerne
120 g getrocknete Tomaten (in Öl)
1 Knoblauchzehe
50 g Parmesan (am Stück)
100–120 ml Öl der eingelegten Tomaten (ggf. die Menge mit Olivenöl auffüllen)
Salz, Pfeffer aus der Mühle

Zubereitung:
ca. 20 Minuten

Das Rezept für die Knödel vom weißen Spargel finden Sie auf S. 122.

Die Pinienkerne in einer Pfanne ohne Fett goldbraun rösten und auskühlen lassen.

Die getrockneten Tomaten in ein Sieb abgießen, dabei das Öl auffangen. Tomaten grob zerkleinern. Den Knoblauch schälen und den Parmesan grob schneiden oder reiben.

Tomaten, Knoblauch und Parmesan in den Küchenmixer geben. Das aufgefangene Öl nach und nach untermixen, bis die gewünschte Konsistenz erreicht ist.

Die gerösteten Pinienkernen ebenfalls kurz untermixen und das Pesto mit Salz und Pfeffer würzen. Alternativ können Sie die Zutaten für das Pesto auch mit dem Stabmixer pürieren.

Basilikumsauce
Für 4 Personen:

1 Zwiebel
1–2 Bund Basilikum (je nach Größe)
2 EL Butter
250 g Sahne
200 ml Gemüsebrühe
50 g geriebener Parmesan
Salz, Pfeffer aus der Mühle

Zubereitungszeit:
ca. 15 Minuten

Die Zwiebel schälen und in feine Würfel schneiden. Basilikum waschen und trocken schütteln, die Blätter abzupfen und in Streifen schneiden.

Die Butter in einem Topf erhitzen und die Zwiebel darin andünsten. Sahne und Brühe dazugießen und aufkochen lassen, dann Basilikum und Parmesan untermischen.

Mit Salz und Pfeffer würzen und die Sauce mit dem Stabmixer zu einer sämigen Sauce aufmixen.

Gelbe und rote Paprikaknödel mit Peperonata

Für 12–13 Knödel:

500 g Toastbrot
150 g Butter
2 gelbe Paprikaschoten
2 rote Paprikaschoten
1 TL Paprikapulver (edelsüß)
2 EL mildes Ajvar (Würzpaste aus Paprika)
80 ml Milch
1 Zwiebel
1 Knoblauchzehe
Salz, Pfeffer aus der Mühle
frisch geriebene Muskatnuss
5 Eier
250 g Speisequark (40 % Fett)
100 g Semmelbrösel
120 g Mehl

Zubereitungszeit:
ca. 55 Minuten

Das Rezept für die Peperonata finden Sie auf S. 130.

Den Backofen auf 180 °C vorheizen. Das Toastbrot in feine Würfel schneiden. Die Hälfte davon auf ein Backblech geben und 50 g Butter darauf verteilen. Brotwürfel im Ofen auf der mittleren Schiene etwa 12 Minuten goldbraun rösten.

Paprikaschoten halbieren, entkernen und waschen. Jeweils die Hälfte jeder Farbe in sehr kleine Würfel (Brunoise; siehe Tipp rechts) schneiden und beiseitestellen. Restliche Paprika in grobe Stücke schneiden und in einer Pfanne in 50 g Butter andünsten. Paprikapulver und Ajvar hinzufügen und kurz miträsten. Die Milch dazugießen, aufkochen lassen und mit dem Stabmixer fein pürieren.

Zwiebel und Knoblauch schälen und in feine Würfel schneiden. Die restliche Butter in einer Pfanne erhitzen, Zwiebel und Knoblauch darin andünsten und das Milch-Paprika-Püree dazugeben. Mit Salz, Pfeffer und Muskatnuss würzen.

Geröstete und ungeröstete Brotwürfel, Eier, Quark, Semmelbrösel und Mehl in eine Schüssel geben, die Paprikamischung und -würfel hinzufügen und alles zu einem Teig vermengen. Falls die Teigmasse zu feucht sein sollte, noch etwas Semmelbrösel dazugeben.

Aus der Masse mit angefeuchteten Händen Knödel abdrehen und in siedendem Salzwasser gar ziehen lassen. Herausheben, abtropfen lassen und mit der Peperonata anrichten. nach Belieben mit geschmorten Mini-Paprika (am Spieß) garnieren.

„Brunoise“ ist der französische Fachbegriff aus der Küchensprache und bezeichnet sehr klein geschnittene Gemüsewürfel.

Tomaten-Oliven-Knödel auf Antipasti-Gemüse

Für 8–9 Knödel:

250 g Toastbrot
75 g Butter
1 Zwiebel
1 Knoblauchzehe
60 ml Milch
Salz, Pfeffer aus der Mühle
frisch geriebene Muskatnuss
75 g frische Tomaten
50 g getrocknete Tomaten
25 g schwarze Oliven (ohne Stein)
3 Eier
60 g Mehl
50 g Semmelbrösel
40 g Tomatenmark

Für den Balsamico-Schmand:
4 EL Schmand
1 EL alter Aceto balsamico
Salz, Pfeffer aus der Mühle

Außerdem:
Tomatenmark zum Kochen (nach Belieben)

Zubereitungszeit:
ca. 1 Stunde

Das Rezept für das Antipasti-Gemüse finden Sie auf S. 131.

Den Backofen auf 180 °C vorheizen. Das Toastbrot in feine Würfel schneiden. Die Hälfte davon auf ein Backblech geben und 40 g Butter darauf verteilen. Brotwürfel im Ofen auf der mittleren Schiene etwa 12 Minuten goldbraun rösten.

Zwiebel und Knoblauch schälen und in feine Würfel schneiden. Restliche Butter in einer Pfanne erhitzen, die Zwiebel und den Knoblauch darin andünsten. Milch dazugießen, mit Salz, Pfeffer und Muskatnuss würzen und kurz aufkochen.

Die frischen Tomaten waschen, halbieren und entkernen, mit den getrockneten Tomaten in kleine Würfel schneiden. Oliven fein hacken.

Geröstete und ungeröstete Brotwürfel, Tomaten, Eier, Mehl, Semmelbrösel, Tomatenmark und Milch-Zwiebel-Mix in einer Schüssel gut vermengen.

Aus der Masse mit angefeuchteten Händen Knödel abdrehen und in siedendem Salzwasser gar ziehen lassen. Nach Belieben etwas Tomatenmark mit ins Kochwasser geben, so behalten die Knödel ihre Farbe und schmecken noch intensiver.

Für den Balsamico-Schmand Schmand und Balsamico verrühren und mit Salz und Pfeffer würzen.

Knödel aus dem Kochsud heben, abtropfen lassen und mit Antipasti-Gemüse und Balsamico-Schmand anrichten. Nach Belieben mit geschmorten Kirschtomaten, Olivenstückchen, Rosmarin und Basilikum garnieren.

Peperonata

Für 4 Personen:

2 rote Paprikaschoten
2 gelbe Paprikaschoten
500 g Tomaten
2 Zwiebeln
2 Knoblauchzehen
4 EL Olivenöl
½ TL getrockneter Thymian
½ TL getrockneter Rosmarin
2 EL Aceto balsamico
1 EL brauner Zucker
Salz, Pfeffer aus der Mühle

Zubereitungszeit:
ca. 35 Minuten

Das Rezept für die Paprikaknödel finden Sie auf S. 126.

Paprika halbieren, entkernen, waschen und längs in breite Streifen schneiden. Tomaten kreuzweise einritzen, überbrühen, kalt abschrecken, häuten, vierteln und entkernen.

Zwiebeln und Knoblauch schälen. Die Zwiebeln in Spalten schneiden, den Knoblauch fein hacken oder durch die Knoblauchpresse drücken.

Das Olivenöl in einer Pfanne erhitzen und darin zuerst Zwiebeln und Knoblauch andünsten. Dann Paprika und Tomaten dazugeben und bei mittlerer Hitze 5 Minuten köcheln lassen.

Thymian und Rosmarin unterrühren und die Peperonata mit Essig, Zucker, Salz und Pfeffer würzen. Weitere 15 Minuten bei schwacher Hitze schmoren lassen. Zu den Paprikaknödeln servieren.

Antipasti-Gemüse

Für 4 Personen:

2 Zweige Rosmarin
3 Knoblauchzehen
110 ml Olivenöl
3 EL Aceto Balsamico
2 TL getrockneter Oregano
Salz, Pfeffer aus der Mühle
je 1 gelbe und rote Paprikaschote
1 Aubergine
1 Zucchini
150 g braune Champignons
2 Schalotten

Zubereitungszeit:
ca. 1 Stunde (inkl. 45 Minuten Backzeit)

Das Rezept für die Tomaten-Oliven-Knödel finden Sie auf S. 128.

Den Backofen auf 180 °C (Heißluft) vorheizen. Ein Backblech mit Backpapier belegen.

Rosmarin waschen, trocken tupfen und von 1 Zweig die Nadeln abzupfen. Knoblauch schälen. Rosmarinnadeln und Knoblauch mit Olivenöl, Essig und Oregano im Küchenmixer oder mit dem Stabmixer mixen. Mit Salz und Pfeffer würzen.

Das Gemüse putzen und waschen (Pilze nur trocken abreiben). Zucchini schräg in etwa 1 cm dicke Scheiben schneiden. Aubergine in etwa 1 cm dicke Scheiben schneiden. Paprikaschoten halbieren und entkernen. Die Hälften jeweils noch mal dritteln. Champignons je nach Größe entweder ganz lassen oder halbieren. Die Schalotten schälen und in Spalten schneiden.

Gemüse mit dem Rosmarin-Knoblauch-Öl mischen und auf dem Blech verteilen. Den zweiten Rosmarinzweig darüber abrebeln. Gemüse im Ofen auf der mittleren Schiene etwa 15 Minuten garen, dann den Ofen ausschalten und das Gemüse weitere 30 Minuten darin nachgaren lassen. Zu den Tomaten-Oliven-Knödeln servieren.

Bratwurstknödel mit Dijon-Senfsauce

Bratwurstknödel
Für 8–9 Knödel:

250 g Toastbrot
75 g Butter
1 Zwiebel
1 Knoblauchzehe
1 Bund Petersilie
60 ml Milch
Salz, Pfeffer aus der Mühle
frisch geriebene Muskatnuss
200 g grobe Schweinsbratwürstl
3 Eier
125 g Speisequark (40 % Fett)
50 g Semmelbrösel
60 g Mehl

Zubereitungszeit:
ca. 45 Minuten

Den Backofen auf 180 °C vorheizen. Das Toastbrot in feine Würfel schneiden. Die Hälfte davon auf ein Backblech geben und 40 g Butter darauf verteilen. Brotwürfel im Ofen auf der mittleren Schiene etwa 12 Minuten goldbraun rösten.

Zwiebel und Knoblauch schälen und in feine Würfel schneiden. Petersilie waschen und trocken schütteln, Blätter abzupfen und fein hacken. Restliche Butter in einer Pfanne erhitzen, Zwiebel und Knoblauch darin andünsten, Petersilie unterrühren. Die Milch dazugießen, mit Salz, Pfeffer und Muskatnuss würzen und kurz aufkochen.

Bratwurstbrät aus dem Darm in eine Schüssel drücken. Eier, Quark, Semmelbrösel, Mehl, Zwiebel-Milch-Mix, geröstete und ungeröstete Brotwürfel hinzufügen und alles zu einem Teig vermengen. Aus der Masse mit angefeuchteten Händen Knödel abdrehen und in siedendem Salzwasser gar ziehen lassen. Herausheben, abtropfen lassen und mit der Dijon-Senfsauce anrichten. Nach Belieben gebratene Bratwurstscheiben dazu servieren.

Dijon-Senfsauce
Für 4 Personen:

2 Schalotten
30 g Butter
30 g Mehl
¼ l Gemüse- oder Rindfleischbrühe
250 g Sahne
3 EL Dijon-Senf
abgeriebene Schale von ½ Bio-Limette
Salz, Pfeffer aus der Mühle

Zubereitungszeit:
ca. 20 Minuten

Die Schalotten schälen und in feine Würfel schneiden. Die Butter in einer Pfanne erhitzen und die Schalotten darin andünsten.

Das Mehl hinzufügen und unter Rühren anschwitzen. Mit der Brühe ablöschen und mit der Sahne aufgießen.

Die Sauce bei mittlerer Hitze 5 Minuten köcheln lassen, dann mit dem Stabmixer aufmixen. Mit Dijon-Senf, Limettenschale, Salz und Pfeffer abschmecken.

SOS – so retten Sie Ihre Knödel

Davor bleibt kein Hobbykoch verschont: die kleinen Katastrophen am heimischen Herd. Doch so manches Missgeschick bei der Zubereitung von Knödelgerichten lässt sich mit ein paar wenigen Handgriffen wieder beheben:

1. Zu viel Flüssigkeit im Teig

Die Semmelknödelmasse ist durch zu viel Milch zu weich geraten? Oder die Kartoffeln wurden nach dem Reiben nicht fest genug ausgepresst? In beiden Fällen können Sie mit trockenen Zutaten nachbessern. Geben Sie bei Semmelknödeln einfach noch Semmelbrösel und Mehl in die Masse. Aber Achtung! Bei zu viel Mehl wird der Teig klebrig. Bei Kartoffelknödeln können Sie mit Kartoffelstärke nachhelfen. Und schon passt die Konsistenz.

2. Der Knödelteig ist zu kompakt geraten

Hier können Sie sich mit Ei und Milch behelfen. Damit wird die Masse weicher und schon lassen sich daraus perfekte Knödel formen.

3. Der Salzstreuer ist ausgerutscht

Verlängern Sie einfach den Teig mit weiteren Einlagen. Und es kann nie schaden, wenn Sie dadurch ein paar Knödel mehr haben. Diese können Sie – fertig gerollt – für die nächste Mahlzeit einfrieren. Und ganz wichtig: Geben Sie ins Wasser kein Salz mehr.

4. Beim Schlagen der Teigmasse für Topfenknödel flockt die Butter aus

Dies kann leicht passieren, wenn das Ei in die schaumig geschlagene Butter gerührt wird. Die Lösung: Kochen Sie Wasser auf und halten Sie die Schüssel mit dem Teig über den Dampf. Schlagen Sie die Masse so lange, bis sich die Butterflocken auflösen und die Masse in der Schüssel wieder flüssig und homogen ist. Nehmen Sie die Schüssel vom Wasserbad und schlagen Luft in den Teig. Geben Sie dabei zur Butter-Ei-Mischung bereits jetzt die Hälfte des Quarks dazu.

5. Die Knödel zerfallen im Wasser

Eine Rettung ist zwar nicht mehr möglich. Aus der Form geratene Knödel können aber immer noch zu einem leckeren Gericht weiterverarbeitet werden. Machen Sie zum Beispiel ein Gröstl. Nehmen Sie dazu mit einem Sieblöffel die Knödel heraus und lassen diese gut abtropfen. Den gekochten Teig mit der Gabel zerteilen und das Ganze in Butterschmalz anbraten. Für den guten Geschmack sorgen Gewürze, ein verquirltes Ei oder ein paar Speckwürfel.

Leben Sie Ihre Kreativität aus

Während der berühmteste Redner des alten Rom, Marcus Tullius Cicero, noch Hunger als den besten Koch bezeichnete, hielt Literatur-Nobelpreisträger Günter Grass fast 2000 Jahre später Kochen für einen schöpferischen Vorgang, der sich von den Künsten nur dadurch unterscheide, dass man ihn unmittelbar genießen kann. Diese beiden Aussagen zeigen sehr schön die steigende Bedeutung des Kochens in unserer Kultur. Heute ist die Kochkunst aus dem Alltag nicht mehr wegzudenken. Kochen hat sich in vielen Haushalten zu einem Hobby entwickelt, in dem die eigene Kreativität zur Entfaltung kommt und das zur Gestaltung kulinarischer Meisterwerke anregt.

Probieren geht über studieren

Gerade Knödelgerichte in ihrer großen Vielfalt laden dazu ein, kreativ und mutig zu sein. Lassen Sie sich durch Misserfolge nicht entmutigen! Bei der Kochkunst ist es schließlich wie mit jeder Kunst: Nur durch Ausprobieren wird man zum Meister. Schon die Zutaten haben je nach Anbaumethode, Saison oder Lagerung einen unterschiedlich intensiven Geschmack. Deshalb sind Mengenangaben immer nur Anhaltspunkte, das Fingerspitzen- und Gaumengefühl ist beim Würzen und Abschmecken immer noch das wichtigste Werkzeug. Auch in der Küche der Münchner Knödelei stand am Anfang so mancher Kreation erst einmal ein Fehlschlag. Aber nur durch solche Erfahrungen entwickelt man sich weiter. Am Ende tastet sich der Koch an das perfekte Gericht heran.

Eine Portion Mut und Experimentierfreude bringt die richtige Würze in Ihre Knödelgerichte.

In der Küche geht es vor allem um den Spaß an der Sache. Wer mit Leidenschaft dabei ist, kommt letztendlich zum Ziel. Die Rezepte in diesem Buch sollen vor allem als Basis für individuelle Geschmackserlebnisse dienen. Sie bieten einen Rahmen, den jeder zu Hause je nach persönlichen Vorlieben und dem eigenen Geschmacksempfinden ausgestalten kann. Und dabei fördern manchmal gerade ungewöhnliche Kombinationen wie Knödel mit Spargel, Bratwurst oder Thunfisch das besondere Gericht. Konkurrierende Geschmacksrichtungen runden Speisen ab und sorgen oft für den besonderen Genuss. Lassen Sie also Ihren Ideen freien Lauf. Erst eine Portion Mut bringt in die Küche wie in das gesamte Leben die richtige Würze hinein.

Vegane Süßkartoffelknödel mit Kürbis-Kurkuma-Ragout

Vegane Süßkartoffelknödel
Für 8–10 Knödel:

1 kg Süßkartoffeln
5 EL Mehl
3 EL Sojamilch
3 EL Speisestärke
Salz, Pfeffer aus der Mühle
frisch geriebene Muskatnuss

Zubereitungszeit:
ca. 1 ½ Stunden (inkl. 1 Stunde Garzeit)

Die Süßkartoffeln mit der Schale waschen und in reichlich Salzwasser weich garen. Den Backofen auf 100 °C vorheizen. Süßkartoffeln abgießen und möglichst heiß pellen, dann im Ofen etwa 15 Minuten ausdampfen lassen.

Die Süßkartoffeln mit dem Kartoffelstampfer zerdrücken oder durch die Kartoffelpresse in eine Schüssel drücken. Mehl, Sojamilch und Speisestärke untermengen und zu einem geschmeidigen, leicht klebrigen Knödelteig verkneten. Mit den Gewürzen abschmecken.

Aus der Masse mit angefeuchteten Händen Knödel abdrehen und in siedendem Salzwasser gar ziehen lassen. Herausheben, abtropfen lassen und mit dem Kürbis-Kurkuma-Ragout anrichten. Nach Belieben mit Süßkartoffelchips garnieren.

Kürbis-Kurkuma-Ragout
Für 4 Personen:

1 Hokkaidokürbis
Salz
2 TL Kurkumapulver
1 Zwiebel
1 Knoblauchzehe
1 haselnussgroßes Stück Ingwer
1 Zucchini
2 Fleischtomaten
2 EL Sesamöl
1 EL Tomatenmark
1 EL Currypulver
Pfeffer aus der Mühle
2 EL veganer Joghurt

Zubereitungszeit:
ca. 50 Minuten

Den Kürbis waschen, vierteln und die Kerne und Fasern mit einem Löffel entfernen. Das ausgekratzte Innere in einem Topf mit Wasser bedecken. Etwas Salz und 1 TL Kurkumapulver dazugeben, aufkochen und etwa 30 Minuten bei schwacher Hitze köcheln lassen. Anschließend durch ein Sieb abgießen und die Flüssigkeit auffangen. 300 ml abmessen.

Zwiebel, Knoblauch und Ingwer schälen und in feine Würfel schneiden. Zucchini putzen und waschen. Kürbisfleisch und Zucchini in kleine Würfel schneiden. Tomaten waschen und in kleine Würfel schneiden, dabei Stielansätze entfernen.

Zwiebel, Knoblauch und Ingwer in einer Pfanne im Sesamöl andünsten. Kürbis und Tomaten hinzufügen. Tomatenmark, Curry- und restliches Kurkumapulver dazugeben, kurz mitrösten und mit Kürbiswasser ablöschen. Mit Salz und Pfeffer würzen und bei mittlerer Hitze etwa 15 Minuten köcheln lassen. Zucchiniwürfel hinzufügen und etwa 5 Minuten weitergaren, bis das Gemüse bissfest ist. Vor dem Servieren den Joghurt unter das Kürbis-Kurkuma-Ragout rühren.

Die Knödel sind im Vergleich zu klassischen Knödeln weicher. Lassen Sie daher die Süßkartoffeln gut ausdampfen, dann enthalten sie weniger Feuchtigkeit.

Vegane Mangold-Spinat-Knödel auf Tomaten-Ingwer-Püree

Vegane Mangold-Spinat-Knödel
Für 8–10 Knödel:

200 g Babyspinat
300 g Mangold
1 Zwiebel
2 Knoblauchzehen
2 EL vegane Margarine
100 ml Sojamilch
Salz, Pfeffer aus der Mühle
frisch geriebene Muskatnuss
250 g Toastbrot
100 g Sojaquark
25 g Speisestärke
80 g Semmelbrösel

Zubereitungszeit:
ca. 45 Minuten

Spinat und Mangold verlesen, waschen, blanchieren und im Eiswasser abschrecken. Herausnehmen und in einem Küchentuch gut ausdrücken – je trockener der Spinat ist, desto besser. Danach fein hacken (siehe Tipp).

Zwiebel und Knoblauch schälen und in feine Würfel schneiden. Margarine in einer Pfanne erhitzen, die Zwiebel und den Knoblauch darin andünsten. Sojamilch dazugießen, mit Salz, Pfeffer und Muskatnuss würzen und kurz aufkochen.

Das Toastbrot in kleine Würfel schneiden und mit dem Quark, der Speisestärke und den Semmelbröseln in eine Schüssel geben. Spinat, Mangold und den Zwiebel-Sojamilch-Mix hinzufügen und alles Zutaten zu einem Teig vermengen. Sollte die Masse zu feucht sein, noch etwas mehr Semmelbrösel unterkneten.

Aus der Masse mit angefeuchteten Händen sehr glatte Knödel abdrehen, damit sie beim Kochen nicht zerfallen. In siedendem Salzwasser gar ziehen lassen. Herausheben, abtropfen lassen und mit dem Tomaten-Ingwer-Püree anrichten.

Tomaten-Ingwer-Püree
Für 4 Personen:

2 Zwiebeln • 2 Knoblauchzehen
1 haselnussgroßes Stück Ingwer
1 kg Tomaten
1 kleiner Stiel Basilikum,
je 1 kleiner Zweig Oregano, Thymian und Rosmarin
2 EL Olivenöl • Zucker
Salz, Pfeffer aus der Mühle

Zubereitungszeit:
1 ¾ Stunden (inkl. 1 ½ Stunden Garzeit)

Zwiebeln, Knoblauch und Ingwer schälen und in feine Würfel schneiden. Die Tomaten waschen und ebenfalls in Würfel schneiden, dabei die Stielansätze entfernen. Die Kräuter waschen und trocken tupfen.

Das Olivenöl in einem Topf erhitzen und Zwiebel und Knoblauch darin andünsten. Die Tomaten dazugeben, aufkochen und mit Salz, Pfeffer und etwas Zucker würzen. Die Hitze reduzieren und die Tomatensauce zugedeckt bei mittlerer Hitze 45 Minuten köcheln lassen. Dann Kräuter und Ingwer dazugeben und ohne Deckel weitere 45 Minuten köcheln lassen.

Die Tomaten-Ingwer-Sauce mit dem Stabmixer pürieren und durch ein feines Sieb passieren.

Je feiner das Gemüse zerkleinert wird (geht gut mit dem Fleischwolf), desto intensiver grün werden die Knödel.

BAYERISCH – ABER SPEZIELL

Weißwurstknödel auf süßem Senfgemüse

Für 8–10 Knödel:

250 g Toastbrot
75 g Butter
1 Zwiebel
1 Knoblauchzehe
½ Bund Petersilie
2 Weißwürste
60 ml Milch
Salz, Pfeffer aus der Mühle
frisch geriebene Muskatnuss
getrockneter Majoran
3 Eier
250 g Kalbsbrät
30 g doppelgriffiges Mehl
abgeriebene Schale von ½ Bio-Zitrone

Zubereitungszeit:
ca. 1 Stunde

Das Rezept für das süße Senfgemüse finden Sie auf S. 146.

Den Backofen auf 180 °C vorheizen. Das Toastbrot in feine Würfel schneiden. Die Hälfte davon auf ein Backblech geben und 40 g Butter darauf verteilen. Brotwürfel im Ofen auf der mittleren Schiene etwa 12 Minuten goldbraun rösten.

Zwiebel und Knoblauch schälen und in feine Würfel schneiden. Die Petersilie waschen und trocken schütteln, die Blätter abzupfen und fein hacken. Die kalten Weißwürste häuten und in kleine Würfel schneiden.

Restliche Butter in einer Pfanne erhitzen, die Zwiebel und den Knoblauch darin andünsten. Petersilie kurz mitrösten, dann die Milch dazugießen, mit Salz, Pfeffer, Muskatnuss und 1 Prise Majoran würzen und kurz aufkochen.

Geröstete und ungeröstete Brotwürfel, Weißwürste, Eier, Brät, Mehl, Zitronenschale und Milch-Zwiebel-Mix in einer Schüssel gut vermengen. Aus der Masse mit angefeuchteten Händen Knödel abdrehen.

Die Knödel in siedendem Salzwasser gar ziehen lassen. Herausheben, abtropfen lassen und mit dem Senfgemüse anrichten. Nach Belieben mit kleinen Salzbrezeln garnieren.

Gut zu wissen:

Falls Sie kein Kalbsbrät bekommen, können Sie die Menge der Weißwürste auf 6 erhöhen.
Der Weißwurstknödel – eine Hommage an Karl Valentin – erhielt als Knödel des Jahres 2005 das Patent der Münchner Knödelei (siehe S. 38).

„Böner“ – Bavarian-Döner-Knödel mit Durcheinander vom Romanasalat

Für 18–20 Knödel:

500 g frisches Fladenbrot
150 g Butter
1 Zwiebel
2 Knoblauchzehen
125 ml Milch
Salz, Pfeffer aus der Mühle
½ TL edelsüßes Paprikapulver
½ TL Kreuzkümmelpulver
½ TL getrockneter Thymian
350 g gegarte weiche Rinderschulter (z.B. von der Rindfleischbrühe von S. 44)
5 Eier
120 g Mehl
100 g Semmelbrösel
250 g Speisequark (40 % Fett)
½ TL gehackte Minze
1 TL gehacktes Koriandergrün

Zubereitungszeit:
ca. 50 Minuten

Das Rezept für das Durcheinander vom Romanasalat finden Sie auf S. 147.

Den Backofen auf 180 °C vorheizen. Das Fladenbrot in feine Würfel schneiden. Die Hälfte davon auf ein Backblech geben und 75 g Butter darauf verteilen. Brotwürfel im Ofen auf der mittleren Schiene etwa 12 Minuten goldbraun rösten.

Zwiebel und Knoblauch schälen und in feine Würfel schneiden. Restliche Butter in einer Pfanne erhitzen, die Zwiebel und den Knoblauch darin andünsten. Milch dazugießen, mit Salz, Pfeffer, Paprika, Kreuzkümmel und Thymian würzen und kurz aufkochen. Die Rinderschulter „zerfransen“.

Geröstete und ungeröstete Brotwürfel, Fleisch, Eier, Mehl, Semmelbrösel, Quark, Kräuter und Milch-Zwiebel-Mix in einer Schüssel gut vermengen.

Aus der Masse mit angefeuchteten Händen Knödel abdrehen und in siedendem Salzwasser gar ziehen lassen. Herausheben, abtropfen lassen und mit dem Romanasalat anrichten.

Kleine Bönergeschichte:

Es geschah in Berlin: Kadir Nurman steckte 1972 als Erster das Fleisch in einen Fladen und hatte den Döner erfunden. Das „Wirtshaus in der Au“ erfand 2021 den bayrischen Böner – Ochsenfetzen mit Senfmayonnaise, Romanasalat und Tomaten im Fladenbrot. Daraus wiederum entstand die Idee für den Böner-Knödel. Wenn es schnell gehen soll, nehmen Sie statt der gegarten Rinderschulter etwas Fleisch vom Dönerimbiss Ihres Vertrauens.

Süßes Senfgemüse

Für 4 Personen:

1 Stange Staudensellerie
1 gelbe Paprikaschote
1 Zucchini
2 Karotten
1 Kohlrabi
2–3 EL Butter
3 EL Currypulver
200 ml Gemüsebrühe
2 EL süßer Senf
2 EL mittelscharfer Senf
1 EL Honig
150 g Crème double
Salz, Pfeffer aus der Mühle
3 EL Sahne

Zubereitungszeit:
ca. 30 Minuten

Das Rezept für die Weißwurstknödel finden Sie auf S. 142.

Sellerie, Paprika und Zucchini putzen und waschen. Karotten und Kohlrabi putzen und schälen. Sellerie und Karotten in Scheiben schneiden. Paprika, Kohlrabi und Zucchini halbieren und in etwa 1 ½ cm große Würfel schneiden.

Die Butter in einer Pfanne erhitzen und das Gemüse darin andünsten. Currypulver darüberstäuben und kurz anrösten, dann mit der Brühe aufgießen. Das Gemüse bei schwacher Hitze zugedeckt 10 bis 15 Minuten dünsten.

Beide Senfsorten, Honig und Crème double unterrühren und das Gemüse mit Salz und Pfeffer würzen.

Die Sahne steif schlagen und kurz vor dem Servieren unter das Gemüse heben. Das süße Senfgemüse zu den Weißwurstknödeln servieren.

Besonders sahnig:

Crème double bedeutet Doppelrahm und hat einen Fettgehalt von 40 bis 55 Prozent, ist also ein besonders cremiger, süßer Rahm. Crème double für süße Speisen kann man auch ganz leicht selbst machen, indem man zu gleichen Teilen Mascarpone und Sahne mischt.

Durcheinander vom Romanasalat

Für 4 Personen:

4 Romanasalatherzen
1 rote Zwiebel
4 Tomaten
1 Bio-Salatgurke
1 Knoblauchzehe
120 g griechischer Joghurt
80 ml Ayran
30 g Crème fraîche
Saft und abgeriebene Schale von 1 Bio-Limette
¼ TL Korianderpulver
¼ TL Kreuzkümmelpulver
Salz, Pfeffer aus der Mühle
Zucker
1 TL gehackter Dill
1 TL gehackte Petersilie
1 TL Schnittlauchröllchen
1 TL gehacktes Koriandergrün

Zubereitungszeit:
ca. 25 Minuten

Das Rezept für die Bavarian-Döner-Knödel finden Sie auf S. 144.

Romanasalat verlesen, waschen und trocken schleudern. Blätter in etwa 4 cm breite Streifen schneiden und in eine Schüssel geben.

Zwiebel schälen, halbieren und in dünne Scheiben schneiden. Tomaten waschen, vierteln, entkernen und in kleine Würfel schneiden. Gurke putzten, waschen, vierteln und in Stücke schneiden. Alles zum Salat in die Schüssel geben.

Für das Dressing Knoblauch schälen und in feine Würfel schneiden. Mit Joghurt, Ayran, Crème fraîche sowie Limettensaft und -schale glatt rühren. Mit den Gewürzen und Kräutern abschmecken und mit den Salatzutaten mischen.

Das Durcheinander vom Romanasalat zu den Bavarian-Döner-Knödeln servieren.

Knödelgröstl aus Semmel- und Kartoffelknödeln

Für 4 Personen:

4 Semmelknödel (Rezept siehe S. 29)
4 Kartoffelknödel (Rezept siehe S. 26)
1 Zwiebel
1 Knoblauchzehe
1 Bund Schnittlauch
4 Frühlingszwiebeln
4–6 Eier
Salz, Pfeffer aus der Mühle
frisch geriebene Muskatnuss
4–5 EL Öl

Zubereitungszeit:
ca. 25 Minuten

Die Semmel- und Kartoffelknödel halbieren und in Scheiben schneiden. Zwiebel und Knoblauch schälen und in feine Würfel schneiden.

Schnittlauch waschen, trocken schütteln und in feine Röllchen schneiden. Frühlingszwiebeln putzen, waschen und die weißen und hellgrünen Teile in dünne Ringe schneiden.

Die Eier in einer Schüssel verquirlen, mit Salz, Pfeffer und Muskatnuss würzen.

Das Öl in einer großen Pfanne erhitzen. Zuerst Zwiebel und Knoblauch darin andünsten, dann die Knödelscheiben dazugeben und rundum knusprig anbraten. Die Eimischung darübergießen und unter Rühren stocken lassen.

Das Knödelgröstl auf Teller verteilen und mit den Schnittlauchröllchen garniert servieren.

Extrawürzig:

Besonders herzhaft wird das Knödelgröstl, wenn Sie zusätzlich Speckwürfel in der Pfanne mitrösten und zum Schluss geriebenen Bergkäse über das Gröstl streuen. Dazu noch eine große Schüssel Salat – und fertig ist dieses einfache, aber köstliche Knödelgericht.

Wirtshausgeschichten
Von Würgern, Werfern und Schützen

An kuriosen und manchmal recht martialischen Geschichten mangelt es nicht, wenn man in den Wirtshäusern zwischen Südtirol und Bayerischem Wald nach einem deftigen Mahl mit den Einheimischen über Knödel philosophiert. So ist aus der Historie des Öfteren von wilden Soldaten die Rede, die mit den kargen Resten aus halb leeren Speisekammern versorgt werden mussten, damit sie nicht Bauernhöfe oder Gasthäuser verwüsteten. Aus den mageren Zutaten wurden köstliche Knödel, die in ihrer Wirkungskraft mit Kanonenkugeln verglichen wurden. Jede Region, so scheint es, hat ihre eigenen Geschichten – und manche davon beruhen sogar auf der Wahrheit.

Der Knödelwürger

Der Knödelwürger geht auf eine Erwähnung in einem alten Pergament aus dem 11. Jahrhundert zurück, das in Südtirol entdeckt wurde. Anders als der Name vermuten lässt, handelt es sich dabei aber nicht um eine finstere Gestalt, die in grauer Vorzeit ihr Unwesen trieb. Knödelwürger wurden spezielle Messer genannt, die vorne an der Klinge eine Spitze hatten, mit der man Bratenstücke und Knödel elegant in den Mund befördern konnte. Diese Knödelmesser waren lange Zeit neben der Suppenkelle das einzige Besteck. Während das gemeine Volk noch mit den Händen aß, war der Knödelwürger in herrschaftlichen Häusern ein Zeichen von Esskultur.

Die Knödelwerferin

Die Knödelwerferin ziert als bronzene Figur in der Deggendorfer Altstadt einen Brunnen. Kein Wunder, dass sich der niederbayerische Ort mit dem Beinamen Knödelstadt schmückt und die heimischen Gasthäuser den Knödel in allen Variationen zelebrieren. Der Legende nach soll die Knödelwerferin auf einen wilden Haufen Marodeure, also brandschatzende Landsknechte, aus Böhmen zurückgehen, der einst den Ort belagerte. Deren Kundschafter seien vor der Stadtmauer von einigen Deggendorfern mit Knödeln beworfen worden. Sie hätten daraufhin vermutet, dass eine Belagerung sinnlos sei, weil die Bevölkerung über so viel Essen verfüge, dass sie sogar mit Knödeln werfen könne. Es heißt, die böhmischen Truppen seien daraufhin entmutigt wieder abge-

Knödel halten aufgrund ihrer Form in vielen Geschichten von Kampf und Verteidigung als Wurfgeschoss her.

zogen. Allerdings munkeln Stimmen aus dem Umland, dass ein Fremder Deggendorf wegen der am Rathaus ausgestellten Folterkugeln, die ihn an Knödel erinnerten, verächtlich Knödelstadt genannt habe. Und nachdem der Beiname nun schon einmal in der Welt war, hätten sich die Deggendorfer die Geschichte mit den Böhmen nur ausgedacht.

Der Knödelschütz

Der Knödelschütz hat zwar kein Denkmal – dafür hat es ihn aber wirklich gegeben. 1967 war er der weltweit berühmteste Münchner: Helmut Winter, besser bekannt als der Knödelschütz von Pasing, einem Stadtteil von München. Er trotzte der Luftwaffe und den Amerikanern – in einem Luftkrieg der ganz besonders humorigen Art.

In Pasing hatte der Werbegrafiker Helmut Winter in ruhiger Lage sein Atelier. Wären da nicht die Starfighter vom Fliegerhorst Fürstenfeldbruck gewesen, die auf dem Flug über Pasing immer wieder die Schallmauer durchbrachen. Um seinem Ärger Ausdruck zu verleihen, gab er am 3. Februar 1967 in der Münchner „Abendzeitung" folgende Annonce auf: „Flugabwehrgeschütz mit ausreichender Munition gesucht zur Wiederherstellung der Ruhe und Ordnung im westlichen Luftraum Münchens, Zuschriften unter 1/3469 Z." Dieses Inserat sorgte für große Aufregung.

Schon in der folgenden Nacht wollte ein Korrespondent einer englischen Presseagentur alles über den „bevorstehenden Abschuss der Düsenjäger" wissen. Die amerikanische Presse rückte gar mit einem Filmteam im Garten von Winter an. Alle wollten wissen: „Wann schießen Sie denn endlich?" Winter geriet nun in eine missliche Situation: Er hatte ja nie wirklich vorgehabt, zu schießen – aber alle erwarteten es jetzt von ihm. Da hatte er einen Einfall: Er ließ eine Wurfschleuder bauen. Doch welche Munition sollte es sein? Seine Frau Elisabeth hatte die zündende Idee: Kartoffelknödel sollten es sein, echte bayerische Kartoffelknödel.

Der erste Presseempfang im Garten war ein voller Erfolg – der Beitrag wurde in Nachrichten in 72 Ländern ausgestrahlt. Nachdem die ganze Welt die Geschichte kannte, geschah das Unfassbare: Innerhalb kürzester Zeit erhielt der Fliegerhorst den Befehl, Pasing nicht mehr zu überfliegen. Der Luftkampf war beendet.

Die berühmte Knödelschleuder wurde übrigens sogar bei der Weltausstellung 1967 im deutschen Pavillon ausgestellt und hat jetzt ihre Heimat im Wirtshaus in der Au.

Knödelauflauf mit Tomate und Zucchini

Für 4 Personen:

6–8 Semmelknödel (Rezept siehe S. 29)
1 Zwiebel
1 Knoblauchzehe
1 Zucchini
200 g Cocktailtomaten
1 EL Butter zum Einfetten
4–5 EL Öl
½ Bund Basilikum
4 Eier
200 g Sahne
Salz, Pfeffer aus der Mühle
frisch geriebene Muskatnuss
140 g geriebener Mozzarella

Zubereitungszeit:
ca. 1 Stunde (inkl. 40 Minuten Backzeit)

Die Semmelknödel halbieren und in Scheiben schneiden. Zwiebel und Knoblauch schälen und in feine Würfel schneiden. Zucchini putzen, waschen und in etwa 2 cm dicke Scheiben schneiden. Die Cocktailtomaten waschen und halbieren.

Den Backofen auf 180 °C vorheizen. Eine ofenfeste Form mit Butter einfetten. Das Öl in einer Pfanne erhitzen. Die Knödelscheiben darin auf beiden Seiten anbraten, herausnehmen und in der Auflaufform verteilen.

In der noch heißen Pfanne zuerst Zwiebel und Knoblauch andünsten, dann die Zucchinischeiben hinzufügen und mitbraten. Die Zucchinimischung zu den Knödeln in die Form geben und die Cocktailtomaten darüber verteilen.

Basilikum waschen, trocken schütteln und die Blätter abzupfen. Mit Eiern und Sahne in einen hohen Rührbecher geben und mit dem Stabmixer fein pürieren. Die Basilikum-Sahne mit Salz, Pfeffer und Muskatnuss würzen und die Knödel damit übergießen.

Den Knödelauflauf gleichmäßig mit Mozzarella bestreuen und im Ofen auf der mittleren Schiene 35 bis 40 Minuten goldbraun überbacken.

Abwechslung gefällig?

Sie können den sommerlichen Knödelauflauf je nach Saison variieren. So schmeckt der Auflauf im Herbst mit Kürbis und roter Paprika. Winterlich wird der Auflauf mit Knollensellerie und Lauch. Und mit jungen Erbsen und Kohlrabi wird daraus ein Frühlingsgericht.

Knödelburger mit Lachsforelle und Lauchgemüse

Für 4 Personen:

Für das Gemüse:
2 Stangen Lauch
je 1 gelbe und orangefarbene Karotte
2 Schalotten
1 Knoblauchzehe
2–3 EL Olivenöl
100 ml Fischfond
200 g Sahne
1 TL mittelscharfer Senf
1 EL körniger Senf
1 EL Honig
Salz, Pfeffer aus der Mühle
3–4 Stiele Dill

Für den Fisch:
4 Lachsforellenfilets (à 150 g; mit Haut)
2 EL Olivenöl
2 Knoblauchzehen
je 1 Zweig Rosmarin und Thymian
1 EL Butter

Außerdem:
4 fertig gegarte, heiße Kartoffelknödel (à 180 g; ½ Rezeptur vom Rezept, siehe S. 26)
4 lange Zweige Rosmarin

Zubereitungszeit:
ca. 1 ½ Stunden

Den Backofen auf 120 °C (Heißluft) vorheizen. Für das Gemüse Lauch putzen, waschen und in etwa 1 cm dicke Ringe schneiden. Karotten putzen, schälen und in feine Streifen schneiden. Schalotten und Knoblauch schälen und in feine Würfel schneiden.

Olivenöl in einer Pfanne erhitzen, Schalotten und Knoblauch darin andünsten. Die Karottenstreifen dazugeben und 2 bis 3 Minuten mit andünsten. Mit Fond und Sahne aufgießen, beide Senfsorten und Honig einrühren. Mit Salz und Pfeffer würzen und die Sauce um ein Viertel einköcheln lassen. Beiseitestellen.

Für den Fisch Lachsforellenfilets kurz waschen und mit der Hautseite auf Küchenpapier legen.Eine Pfanne etwas warm werden lassen, dann das Olivenöl darin erhitzen. Knoblauch halbieren und dazugeben. Fischfilets nur kurz scharf auf der Hautseite im Olivenöl anbraten. Die Kräuter waschen und trocken schütteln. Mit der Butter in eine ofenfeste Form geben und die angebratenen Filets mit der Hautseite nach oben darauflegen. Fisch im Ofen auf der mittleren Schiene 10 bis 15 Minuten gar ziehen lassen.

Für das Gemüse die Sauce noch mal aufkochen, Lauchringe und Dill dazugeben. Das Gemüse bei schwacher Hitze fertig garen und nochmals mit Salz und Pfeffer abschmecken.

Die noch heißen Kartoffelknödel in der Mitte halbieren, die unteren Hälften gerade schneiden, sodass sie flach auf dem Teller liegen. Zuerst jeweils etwas Lauchgemüse daraufgeben, dann je 1 Lachsforellenfilet daraufsetzen und die oberen Kartoffelknödelhälften darauflegen. Zum Fixieren je 1 Rosmarinzweig von oben nach unten in der Mitte durchstechen.

Royale Knödeleien
Ich bin Kaiser, ich will Knödel!

Trotz oder gerade wegen seiner einfachen Zubereitung und Schlichtheit war der Knödel immer auch eine Majestät unter den Gerichten. Royale Knödelgeschichten sind aus vielen Jahrhunderten bekannt.

Die älteste royale Knödelei soll in die Zeit von Tiberius zurückgehen, der von 14 bis 37 nach Christus römischer Kaiser war. In dessen Regierungszeit schrieb der Feinschmecker und laut Plinius dem Älteren „der größte Prasser und zu aller Art von Luxus geborene“ Marcus Gavius Apicius an der ältesten europäischen Rezeptsammlung „De re coquinaria“. Eine seiner Beschreibungen weist auf Hechtklöße hin, die damals vermutlich mit dem unvermeidlichen Garum, eine für heutige Geschmäcker gewöhnungsbedürftige Sauce aus Fisch und Fischeingeweiden, serviert wurden.

Der Liebling europäischer Königshäuser

Eine besondere Vorliebe für Hechtklöße hatte auch Ludwig XI., der von 1461 bis 1483 französischer König war. Er soll dieses Gericht in der französischen Region Auvergne-Rhône-Alpes, genauer in Nantua, kennengelernt haben, wo es mit einer Sauce auf Basis von Flusskrebsbutter kredenzt wurde. Unter einem seiner Nachfolger, Ludwig XV., wurden „Quenelles de brochet sauce Nantua“ im 18. Jahrhundert als raffiniertes Gericht bei großen Soupers am Königshof beschrieben. Inspiriert durch diese Tradition machte der bayerische König Ludwig II. etwa 100 Jahre später Hechtknödel an seinem Hof salonfähig.

Unter Kaiserin Maria Theresia kamen Germknödel mindestens einmal wöchentlich auf den Familientisch.

Der Kaiser befiehlt

„Ich bin Kaiser, ich will Knödel!“ Diese majestätische Forderung wird vom Habsburger Ferdinand I. überliefert, der von 1835 bis 1848 Kaiser von Österreich war und der, wenn es nicht gerade um seine Leibspeise ging, durch sein sanftes und schlichtes Gemüt auffiel. Den gleichen Ausspruch schrieb die Satirezeitschrift „Simplicissimus“ in der 3. Ausgabe des 3. Jahrgangs 1898 allerdings dem letzten Kaiser von Deutschland, Wilhelm II., zu: „Melden Sie, dass ich heute Knödel zum Diner verlange, und heute soll auch mein ganzer Hof Knödel

essen!“ Mit diesem Befehl an seinen Kammerherrn soll der Kaiser den ganzen Hof in helle Aufregung versetzt haben. „Die anwesenden Lakeien“ seien zur Küche hinuntergeschlichen „und mit Entsetzen ging das Wort Knödel von Mund zu Mund“. Kammerdiener und Zofen protestierten, Hofkavaliere befürchteten, todkrank zu werden – „und je tiefer die Rangstufe, desto lauter war das Entsetzen über die Knödel“, heißt es in dem Beitrag. So sollte der Leibarzt, „der wusste, welche schweren Nachteile ein Knödelessen für seinen schwachen Magen haben würde“, seiner Majestät auf das Bestimmteste von dem Knödelmahl abraten. Der Beitrag endet mit den Worten: „Da geschah es, dass Seine Majestät der Kaiser das machtvollste Wort sprach, das er je gesprochen hatte: Ich bin der Kaiser, und ich will Knödel!“

Eine eigene „Verfassung“

Seit der Knödel auf dem Oktoberfest sein eigenes Zelt hat, gibt es auch eine „Verfassung“, in deren Mittelpunkt einzig er alleine steht. Die Knödelei hat damit auf humorvolle Weise die Stellung des Knödels in der bayerischen Küche für alle Zeiten festgeschrieben und eine Etikette für seinen Genuss etabliert. Formuliert wurde diese Urkunde nach dem Vorbild und in der Sprache der Verfassung für das Königreich Bayern von 1808:

„Sehet darin die Grundsätze der Münchner Knödelei, welche Euch [...] zum Ruhme bayerischer Tradition und Culinaire und zum Glücke und Genusse des bayerischen Volkes und seiner Freunde gegeben wurden. Wir erklären hiernach folgende Bestimmungen als Verfassung der Münchner Knödelei:

§1 Der Knödel ist das Oberhaupt der bayerischen Küche, vereinigt in sich alle Thugenden laiblichen Genusses und dienet jedermann aus dem Volke als bekömmliche Labung. [...]

§2 Beim Essen von Knödeln ist von der Verwendung eines Messers zum Schneiden derselben dringend abzuraten, da diesselbiges eine glatte Schnittkante hinterlassen würde, welche die Aufnahme von jeglichen Sossen behindert.

§3 Vielmehr sind Knödeln in derartiger Weise zu theilen, dass sie vom Messer (oder Löffel) gehalten mit Hilfe der Gabel zu zerreissen sind. Die dabei entstehende Saugfläche ist solange in die Sosse zu tunken, bis der Knödel ein Guttheil von ihr aufgenommen hat.

§4 Es gilt als unfeyn, Reste von Knödeln auf dem Teller zu hinterlassen. Vielmehr ist der Knödel – in Würdigung seiner selbst – zur Gänze zu verzehren. [...]“

INTER-
NATIONALE
KNÖDEL

Schwarzbrotknödel mit katalanischem Hähnchen

Für 8 Knödel:

250 g Schwarzbrot (vom Vortag)
75 g Butter
1 Zwiebel
1–2 Knoblauchzehen
½ Bund Petersilie
60 ml Milch
Salz, Pfeffer aus der Mühle
frisch geriebene Muskatnuss
3 Eier
125 g Speisequark (40 % Fett)
30 g Vollkornmehl

Zubereitungszeit:
ca. 1 Stunde

Das Rezept für das katalanische Hähnchen finden Sie auf S. 164.

Den Backofen auf 180 °C vorheizen. Das Schwarzbrot in feine Würfel schneiden. Die Hälfte davon auf ein Backblech geben und 40 g Butter darauf verteilen. Brotwürfel im Ofen auf der mittleren Schiene etwa 10 Minuten goldbraun rösten.

Zwiebel und Knoblauch schälen und in feine Würfel schneiden. Petersilie waschen und trocken schütteln, die Blätter abzupfen und fein hacken. Restliche Butter in einer Pfanne erhitzen, die Zwiebel und den Knoblauch darin andünsten. Petersilie dazugeben, Milch dazugießen, mit Salz, Pfeffer und Muskatnuss würzen und kurz aufkochen.

Geröstete und ungeröstete Brotwürfel, Eier, Quark, Mehl und Milch-Zwiebel-Mix in einer Schüssel gut vermengen. 15 Minuten ruhen lassen.

Aus der Masse mit angefeuchteten Händen Knödel abdrehen und in siedendem Salzwasser gar ziehen lassen. Herausheben, abtropfen lassen und mit dem katalanischen Hähnchen anrichten.

Alternativ können Sie für das katalanische Hähnchen anstelle eines ganzen Hähnchens 4 bis 6 Hähnchenschenkel verwenden.

Pizzaknödel alla Nonna mit Basilikum-Tomaten-Sauce

Für 8–9 Knödel:

250 g Toastbrot
50 g Butter
1 Zwiebel
1 Knoblauchzehe
60 ml Milch
Salz, Pfeffer aus der Mühle
100 g Salami (am Stück)
½ rote Paprikaschote
3 Eier
75 g geriebener Mozzarella
125 g Speisequark (40 % Fett)
60 g Mehl
½ EL gehacktes Basilikum
je ½ TL getrockneter Oregano und Thymian

Zubereitungszeit:
ca. 40 Minuten

Das Rezept für die Basilikum-Tomaten-Sauce finden Sie auf S. 165.

Den Backofen auf 180 °C vorheizen. Das Toastbrot in feine Würfel schneiden. Die Hälfte davon auf ein Backblech geben und 25 g Butter darauf verteilen. Brotwürfel im Ofen auf der mittleren Schiene etwa 12 Minuten goldbraun rösten.

Zwiebel und Knoblauch schälen und in feine Würfel schneiden. Restliche Butter in einer Pfanne erhitzen, die Zwiebel und den Knoblauch darin andünsten. Milch dazugießen, mit Salz und Pfeffer würzen und kurz aufkochen.

Salami in feine Würfel schneiden. Paprika entkernen, waschen und ebenfalls in feine Würfel schneiden.

Geröstete und ungeröstete Brotwürfel, Salami, Paprika, Eier, Mozzarella, Quark, Mehl, Kräuter und Milch-Zwiebel-Mix in einer Schüssel gut vermengen.

Aus der Masse mit angefeuchteten Händen Knödel abdrehen und in siedendem Salzwasser gar ziehen lassen. Herausheben, abtropfen lassen und mit der Basilikum-Tomaten-Sauce servieren.

Katalanisches Hähnchen

Für 4 Personen:

200 ml trockener Rotwein
200 g getrocknete, ungeschwefelte Pflaumen
100 g Rosinen
1 Hähnchen (ca. 1,2 kg; küchenfertig)
2–3 Zwiebeln
2 Knoblauchzehen
je 1 gelbe und rote Paprikaschote
5 EL Olivenöl
Salz, Pfeffer aus der Mühle
100 g Pinienkerne
2 TL edelsüßes Paprikapulver
4 cl trockener Sherry
200 ml Hühnerfond
1 Dose gehackte Tomaten (400 g)

Zubereitungszeit:
ca. 1 ½ Stunden (inkl. ca. 1 Stunde Garzeit)

Das Rezept für die Schwarzbrotknödel finden Sie auf S. 160.

Den Wein aufkochen, Pflaumen und Rosinen in einer Schüssel damit übergießen und ziehen lassen.

In der Zwischenzeit das Hähnchen innen und außen waschen, trocken tupfen und in 8 Teile zerteilen.

Die Zwiebeln schälen und achteln. Knoblauch schälen und in feine Würfel schneiden. Paprika längs halbieren, entkernen, waschen und in etwa 2 cm große Stücke schneiden.

Den Backofen auf 180 °C vorheizen. In einer großen Pfanne das Olivenöl erhitzen und die Hähnchenteile darin auf der Hautseite anbraten, dann in einen Bräter legen und mit Salz und Pfeffer würzen.

Pflaumen und Rosinen in ein Sieb abgießen, dabei den Wein auffangen. Die Früchte und Pinienkerne mit dem restlichen Fett in der Pfanne anrösten, in der zuvor das Hähnchen angebraten wurde. Zwiebeln und Knoblauch dazugeben und kurz mitbraten. Paprikapulver unterrühren, mit Sherry und aufgefangenem Wein ablöschen. Den Fond und die Tomaten dazugeben, aufkochen lassen und die Sauce zum Hähnchen in den Bräter geben.

Das Hähnchenfleisch in der Sauce im Ofen auf der mittleren Schiene zugedeckt 45 bis 60 Minuten schmoren. Nochmals mit Salz und Pfeffer abschmecken. Zu den Schwarzbrotknödeln servieren.

Basilikum-Tomaten-Sauce

Für 4 Personen:

700 g Tomaten
1 Zwiebel
1 Knoblauchzehe
1 Bund Basilikum
3–4 EL Olivenöl
Salz, Pfeffer aus der Mühle
Zucker

Zubereitungszeit:
ca. 25 Minuten

Das Rezept für den Pizzaknödel finden Sie auf S. 162.

Den Stielansatz der Tomaten herausschneiden. Die Haut der Tomaten kreuzweise einritzen. Tomaten im kochenden Wasser einige Sekunden blanchieren, in Eiswasser abschrecken und die Haut abziehen. Tomaten vierteln, entkernen und klein schneiden.

Zwiebel und Knoblauch schälen und in feine Würfel schneiden. Basilikum waschen und trocken schütteln, die Blätter abzupfen und in feine Streifen schneiden.

Das Olivenöl in einem Topf erhitzen, Zwiebel und Knoblauch darin andünsten. Die Tomatenwürfel dazugeben und mit Salz, Pfeffer und Zucker würzen.

Das Tomatengemüse bei mittlerer Hitze etwa 10 Minuten einköcheln lassen, kurz vor Schluss das Basilikum unterrühren. Die Sauce ggf. nochmals abschmecken und zu den Pizzaknödeln servieren.

Arancini – knusprige Reisknödel aus Sizilien

Für 8–9 Knödel:

300 g Rundkornreis
¾ l Rindfleischbrühe (Rezept siehe S. 44)
1 Dose Safranfäden (0,1 g)
2 EL Butter
50 g geriebener Pecorino
2 Eier
150 g rohes Bratwurstbrät (z. B. Salsiccia)
1 Zwiebel
1 Knoblauchzehe
1 EL Olivenöl
100 g frisch gepalte Erbsen
1 EL Tomatenmark
Salz, Pfeffer aus der Mühle
125 g Baby-Mozzarella
100 g Semmelbrösel
Öl zum Frittieren

Zubereitungszeit:
ca. 80 Minuten (inkl. Gar- und Abkühlzeit)

Den Reis mit Brühe und Safran aufkochen, dann zugedeckt bei schwacher Hitze etwa 25 Minuten ausquellen lassen.

Zuerst Butter und Pecorino unter den Reis mischen, dann 1 Ei unterrühren. Die Reismasse abkühlen lassen.

Bratwurstbrät zerkrümeln. Zwiebel und Knoblauch schälen und in feine Würfel schneiden. Das Olivenöl in einer Pfanne erhitzen, Zwiebel und Knoblauch darin andünsten. Bratwurstbrät und Erbsen dazugeben, 2 EL Wasser und Tomatenmark unterrühren und alles zugedeckt bei mittlerer Hitze 5 Minuten schmoren. Masse mit Salz und Pfeffer würzen.

Den Reis in etwa 8 Portionen teilen. Jeweils eine Reisportion in der Hand flach drücken, etwas von der Bratwurstmasse und 1 Mozzarellakugel in die Mitte geben.

Die Reismasse über der Füllung verschließen und zu einem Knödel abdrehen. Die Knödel zuerst im restlichen verquirlten Ei wenden und dann mit den Semmelbröseln panieren.

Das Öl in einem hohen Topf auf etwa 165 °C erhitzen und die Arancini darin 4 bis 5 Minuten goldbraun frittieren. Herausheben, auf Küchenpapier abtropfen lassen und nach Belieben mit dem Wildkräutersalat von S. 106 (Kaspressknödel) anrichten. Nach Belieben mit Parmesanspänen und Orangenfilets garnieren.

Kleiner Sizilianer:

Arancino heißt übersetzt kleine Orange. Das Gericht kommt ursprünglich aus Sizilien, mittlerweile steht es aber in ganz Italien auf der Speisekarte. Dabei unterscheidet sich die Zubereitung je nach Region stark. So gibt es zum Beispiel neben Bratwurstbrät auch Füllungen aus Hackfleisch, Schinken oder Ragù alla bolognese.

Türkische Falafelknödel auf Granatapfel-Joghurt

Falafelknödel
Für 8–10 Knödel:

400 g getrocknete Kichererbsen (mind. 12 Stunden in kaltem Wasser eingeweicht)
1 Zwiebel
2 Knoblauchzehen
einige Koriander- und Petersilienblätter
1 TL gemahlener Kreuzkümmel
etwas gemahlener Kardamom
etwas Kurkumapulver
½ TL Backpulver (oder Natron)
1 Ei
Salz, Cayennepfeffer
Öl

Zubereitungszeit:
ca. 70 Minuten (inkl. 40 Minuten Ruhezeit, plus 12 Stunden Einweichzeit)

Die Kichererbsen in ein Sieb abgießen, kalt abbrausen, abtropfen lassen und mit dem Fleischwolf oder einem leistungsstarken Mixer fein pürieren.

Zwiebel und Knoblauch schälen und in feine Würfel schneiden. Koriander und Petersilie waschen, trocken tupfen und fein hacken. Zwiebel, Knoblauch und Kräuter zum Kichererbsenpüree geben und mit Gewürzen, Backpulver und dem Ei zu einem Teig vermengen. Mit Salz und Cayennepfeffer würzen. Eventuell mit Wasser oder Kichererbsenmehl bzw. Semmelbrösel ergänzen, bis der Teig die richtige Konsistenz hat und sich leicht formen lässt. Den Teig zugedeckt 40 Minuten im Kühlschrank ruhen lassen.

Reichlich Öl in einem großen Topf erhitzen. Es ist heiß genug, wenn sich an einem hineingehaltenen Holzlöffelstiel Blasen bilden. Aus der Teigmasse mit angefeuchteten Händen kleine Knödel formen und diese im Öl 4 bis 6 Minuten goldbraun frittieren.

Die Knödel mit dem Schaumlöffel herausheben, auf Küchenpapier abtropfen lassen und mit dem Granatapfel-Joghurt servieren.

Granatapfel-Joghurt
Für 4 Personen:

2 Granatäpfel
2 EL brauner Zucker
500 g Naturjoghurt
500 g Crème fraîche
1 EL Olivenöl
1 EL gehackte Korianderblätter
1 TL gehackte Minzeblätter

Zubereitungszeit:
ca. 20 Minuten

Die Granatäpfel halbieren. Zwei Hälften auspressen, das geht am besten mit der Zitronenpresse. Es sollte sich etwa 150 ml Saft ergeben. Aus den restlichen Hälften die Kerne herauslösen und beiseitestellen.

Den Saft in einem kleinen Topf mit dem Zucker verrühren, aufkochen und 8 bis 10 Minuten zu einem Sirup einkochen. Den Topf vom Herd ziehen und den Sirup abkühlen lassen.

Joghurt, Crème fraîche, Olivenöl und den Sirup in einer Schüssel zu einer glatten Creme verrühren. Die gehackten Kräuter und die Granatapfelkerne unterheben.

Sie mögen es beim Essen gern scharf? Dann schneiden Sie 1 rote Chilischote in kleine Würfel und mischen diese unter den Teig.

Südafrikanische Domboloknödel auf Chakalaka-Gemüse

Für 10 Knödel:

540 g Mehl
100 g Weizenkleie
7 TL Backpulver
1 TL Salz
2 TL Butter
200 ml Milch

Für das Gemüse:

2 Zwiebeln
300 g Karotten
1 rote Paprikaschote
4 EL Öl
1 TL Currypulver
1 TL Chilipulver
1 TL edelsüßes Paprikapulver
200 g Baked Beans (aus der Dose)
1 kleine Dose stückige Tomaten (400 g)
Salz

Zubereitungszeit:
ca. 1 Stunde

Für die Knödel Mehl, Weizenkleie, Backpulver und Salz in einer Schüssel mischen. Die Butter und die Milch hinzufügen und mit den Knethaken des Handrührgeräts oder der Küchenmaschine zu einem glatten Teig verkneten. Aus der Masse mit angefeuchteten Händen 16 bis 20 Knödel formen und zugedeckt beiseitestellen.

Für das Gemüse die Zwiebeln schälen und klein schneiden. Karotten putzen und schälen, die Paprika längs halbieren, entkernen und waschen. Karotten und Paprika separat in kleine Stücke schneiden.

Die Zwiebeln in einer großen Pfanne im Öl andünsten. Curry-, Chili- und Paprikapulver dazugeben und unter ständigem Rühren bei mittlerer Hitze 10 Minuten mitrösten.

Die Karotten hinzufügen, mit etwas Wasser ablöschen und weitere 20 Minuten köcheln. Dabei gelegentlich umrühren und immer wieder so viel Wasser nachgießen, dass der Pfannenboden bedeckt ist.

Die Baked Beans hinzufügen und unterrühren. Paprika und Dosentomaten dazugeben, das Gemüse mit Salz abschmecken und weitere 15 Minuten köcheln.

Die Dombolo-Knödel auf das Chakalaka-Gemüse setzen und zugedeckt 15 Minuten garen. Zum Servieren die Knödel auf dem Gemüse anrichten.

Die richtige Dosis:

Vorsicht, in Südafrika würzt man anders beziehungsweise stärker als bei uns! Deswegen tasten Sie sich beim Würzen des Chakalaka-Gemüses langsam an die Chilipulver-Menge heran – manchmal ist etwas weniger auch mehr!

Wasabiknödel auf süßsaurem Mangoldgemüse

Wasabiknödel
Für 10 Knödel:

100 g tiefgekühlte Erbsen
250 g Toastbrot
75 g Butter
1 Zwiebel
1 Knoblauchzehe
60 ml Milch
Salz, Pfeffer aus der Mühle
1 TL Wasabipulver (siehe Tipp)
3 Eier
125 g Speisequark (40 % Fett)
50 g Mehl

Zubereitungszeit:
ca. 50 Minuten

Erbsen auftauen lassen. Backofen auf 180 °C vorheizen. Toastbrot in feine Würfel schneiden. Die Hälfte davon auf ein Backblech geben und 40 g Butter darauf verteilen. Brotwürfel im Ofen auf der mittleren Schiene etwa 12 Minuten goldbraun rösten.

Zwiebel und Knoblauch schälen und in feine Würfel schneiden. Restliche Butter in einer Pfanne erhitzen, Zwiebel und Knoblauch darin andünsten. Milch dazugießen, mit Salz und Pfeffer würzen und kurz aufkochen.

Die aufgetauten Erbsen fein pürieren und das Wasabipulver unterrühren. Erbsenpüree, geröstete und ungeröstete Brotwürfel, Eier, Quark, Mehl und Milch-Zwiebel-Mix in einer Schüssel gut vermengen.

Aus der Masse Knödel abdrehen und in siedendem Salzwasser gar ziehen lassen. Herausheben, abtropfen lassen und auf dem süßsauren Mangoldgemüse anrichten.

Süßsaures Mangoldgemüse
Für 4 Personen:

2 Bund Mangold
2 Schalotten
1 Knoblauchzehe
1 rote Chilischote (nach Belieben)
2 EL Sesamöl
2 TL schwarze Sesamsamen
2 EL Austernsauce
1 EL Honig
Salz
gemahlener Kreuzkümmel
½ TL Speisestärke

Zubereitung:
ca. 30 Minuten

Mangold putzen, dabei den Stielansatz abschneiden, und waschen. Von den Stielen mit einem kleinen Messer die Fasern abziehen, Stiele in etwa ½ cm breite Stücke und Blätter in etwa 1 cm breite Streifen schneiden.

Schalotten und Knoblauch schälen und in feine Würfel schneiden. Chilischote längs halbieren, entkernen, waschen und ebenfalls in feine Würfel schneiden.

In einer großen Pfanne das Sesamöl erhitzen, Schalotten und Knoblauch darin andünsten. Die Mangoldstiele hineingeben und bei mittlerer Hitze kurz andünsten. Dann den Sesam und die Blätter dazugeben und gut durchschwenken.

Austernsauce und Honig dazugeben und unterrühren. Mangoldgemüse mit Salz und 1 Prise Kreuzkümmel würzen und mit der in wenig Wasser angerührten Speisestärke binden.

Wasabi, auch japanischer Meerrettich, ist in Europa meist nur als Pulver oder Paste in Tuben erhältlich. Die frischen Wurzeln bekommt man in Spezialgeschäften. Frischer Wasabi kann mitunter sehr scharf sein.

SÜSSE KNÖDEL

Zwetschgenknödel auf bayerischem Zwetschgenröster mit Vanillesauce

Für 10–12 Knödel:

500 g mehligkochende Kartoffeln
500 g–1 kg Zwetschgen (je nach Größe)
etwas Marzipanrohmasse oder einige Würfelzucker (nach Belieben)
100 g weiche Butter
2 Eigelb
Salz
30 g Weichweizengrieß
125 g Mehl
75 g Semmelbrösel
1 EL Zucker
½ TL Zimtpulver
Puderzucker zum Bestäuben

Zubereitungszeit:
1 ½ Stunden (inkl. 30 Minuten Ruhezeit)

Das Rezept für Zwetschgenröster und Vanillesauce finden Sie auf S. 178 und 179.

Kartoffeln waschen und mit der Schale in Salzwasser gar kochen. Abgießen, ausdampfen lassen und noch heiß pellen. Kartoffeln durch die Kartoffelpresse drücken und etwas abkühlen lassen.

Zwetschgen waschen, halbieren und entsteinen. Wenn sie zu säuerlich sind, kann man den Stein durch eine kleine Marzipankugel oder klassisch durch einen Würfelzucker ersetzen.

25 g Butter, Eigelbe und 1 Prise Salz zur Kartoffelmasse geben und leicht untermischen. Den Grieß und das Mehl dazugeben, alles zu einem glatten Teig verkneten und 30 Minuten ruhen lassen.

Zubereitungsmöglichkeit 1: Aus dem Kartoffelteig mit angefeuchteten Händen Knödel abdrehen. Jeden Knödel etwas flach drücken, jeweils eine Zwetschge in die Mitte setzen, den restlichen Teig über der Füllung zusammenklappen und zu Knödeln formen.

Zubereitungsmöglichkeit 2: Auf der bemehlten Arbeitsfläche den Kartoffelteig etwa ½ cm dick ausrollen und 5 bis 6 cm große Quadrate herausschneiden. Zwetschgen in die Mitte setzen, die Ecken übereinanderlegen und zu einem Knödel formen.

Die Zwetschgenknödel in siedendem Salzwasser gar ziehen lassen. Restliche Butter in einer Pfanne schmelzen, Semmelbrösel dazugeben und unter ständigem Rühren goldbraun rösten. Kurz vor Schluss Zucker und Zimt untermischen.

Die Zwetschgenknödel aus dem Wasser heben, abtropfen lassen und in den Zimtbröseln wälzen. Die Zwetschenknödel mit dem Zwetschgenröster und der Vanillesauce anrichten und mit Puderzucker bestäuben.

Bayerischer Zwetschgenröster

Für 4 Personen:

500 g Zwetschgen
½ Vanilleschote
90 g Zucker
4 EL Portwein
4 cl Rum
70 ml trockener Rotwein
Saft von 1 Zitrone
½ Zimtstange
2 Gewürznelken
Speisestärke (bei Bedarf)

Zubereitungszeit:
ca. 20 Minuten

Das Rezept für die Zwetschgenknödel finden Sie auf S. 176.

Zwetschgen waschen, halbieren und entsteinen. Vanilleschote längs aufschneiden und das Mark mit einem Messerrücken herauskratzen.

Zucker in einer Pfanne karamellisieren und mit Portwein, Rum und Rotwein ablöschen. Zitronensaft, Zimtstange, Vanilleschote und -mark sowie Gewürznelken dazugeben und bei mittlerer Hitze unter Rühren köcheln lassen, bis sich der Zucker aufgelöst hat. Weitere 5 Minuten köcheln lassen.

Zwetschgen hinzufügen und weiterköcheln, bis sie halb zerfallen sind. Gewürze wieder entfernen und den Zwetschgenröster bei Bedarf mit etwas Speisestärke binden. Zu den Zwetschgenknödeln servieren.

Rund um die Zwetschge:

Die Zwetschge ist eine Unterart der Pflaume. Im Gegensatz zu anderen Pflaumen löst sich bei reifen Zwetschgen der Stein leicht vom Fruchtfleisch und sie ist nicht sauerkochend. Zwetschgenröster wird nicht nur sehr gern zu Knödeln gegessen, in Österreich bekommt man ihn auch fast immer zum Kaiserschmarren serviert.

Vanillesauce

Für 4 Personen:

1 Vanilleschote
¼ l Milch
250 g Sahne
5 Eigelb
3 EL Zucker

Zubereitungszeit:
ca. 20 Minuten

Das Rezept für die Zwetschgenknödel finden Sie auf S. 176.

Die Vanilleschote längs aufschneiden und das Mark mit einem Messerrücken herauskratzen. Beides mit Milch und Sahne in einem Topf aufkochen. Zugedeckt beiseitestellen.

Eigelbe und Zucker in einer Schüssel schaumig rühren, dann die heiße Vanillemilch dazugießen. Wieder in den Topf zurückgießen und bei schwacher Hitze cremig rühren.

Die Sauce ssofort vom Herd nehmen, damit sie nicht anbrennt bzw. gerinnt. Vanillesauce zu den Zwetschgenknödeln servieren.

Wahrer Luxus:

Vanille ist nach Safran das teuerste Gewürz der Welt. 1 kg der aromatischen Schote kostet schon mal um die 900 € und Vanille ist somit teurer als Silber. Madagaskar und Indonesien sind die größten Vanilleproduzenten. Die weltweit begehrteste Sorte ist die Bourbon-Vanille.

Apfelknödel auf Honig-Quitten-Ragout

Apfelknödel
Für 8–10 Knödel:

200 g Toastbrot
3 säuerliche Äpfel (Boskop oder Elstar)
25 g Zucker
Zimtpulver
20 g Butter
50 ml Milch
1 Vanilleschote
3 Eier
125 g Speisequark (40 % Fett)
50 g Semmelbrösel
60 g Mehl
½ l naturtrüber Apfelsaft zum Kochen
Salz

Zubereitungszeit:
ca. 50 Minuten

Das Toastbrot in feine Würfel schneiden und in eine Schüssel geben. Die Äpfel waschen und mit Schale bis zum Kerngehäuse auf der Gemüsereibe fein herunterreiben. Den Zucker und 1 Prise Zimt unter die Apfelraspel mischen und in die Schüssel geben.

Inzwischen die Butter in einem Topf schmelzen, die Milch dazugeben und erwärmen.

Die Vanilleschote längs aufschneiden und das Mark mit einem Messerrücken herauskratzen. Mit Eiern, Quark, Semmelbröseln, Mehl und Milch ebenfalls in die Schüssel geben und alles zu einer geschmeidigen Masse verarbeiten. Aus der Masse mit angefeuchteten Händen Knödel abdrehen.

Apfelsaft mit Wasser zum Kochen bringen und salzen. Die Apfelknödel im siedenden Apfel-Wasser gar ziehen lassen. Herausheben, abtropfen lassen und mit dem Honig-Quitten-Ragout anrichten. Nach Belieben mit getrockneten Apfelringen garnieren.

Honig-Quitten-Ragout
Für 4 Personen:

4 Quitten
Saft von 1 Zitrone
2 EL Zucker
6 Korianderkörner
100 g Akazienhonig
200 ml Apfelsaft
100 ml Noilly Prat (franz. Wermut)
½ Zimtstange
Mark von 1 Vanilleschote

Zubereitungszeit:
ca. 40 Minuten

Quitten schälen, vierteln, entkernen und in etwa 5 mm große Würfel schneiden. Sofort in Zitronenwasser (Wasser mit Zitronensaft mischen) legen, damit sie nicht braun werden.

Schalen und Kerngehäuse der Quitten mit Zucker, zerstoßenen Korianderkörnern und 200 ml Wasser in einem Topf aufkochen und etwa 10 Minuten köcheln lassen. Den Fond durch ein Sieb in einen zweiten Topf gießen.

Den Honig in einer Pfanne leicht karamellisieren und mit Apfelsaft und Noilly Prat ablöschen. Ein Viertel der Quitten, Zimtstange und Vanillemark dazugeben und die Quitten bei mittlerer Hitze sehr weich garen. Zimtstange herausnehmen und die Quitten mit dem Stabmixer pürieren.

Die restlichen Quitten im Quittenfond bei mittlerer Hitze weich garen und mit dem Quittenpüree mischen.

Erdbeerknödel mit Butterbröseln und Sabayon

Erdbeerknödel
Für 10–12 Knödel:

30 g weiche Butter
30 g Puderzucker
1 Ei • 1 Eigelb
500 g Speisequark (40 % Fett)
125 g Mehl
ca. 8 feste Erdbeeren
½ l Erdbeersaft zum Kochen
Salz

Für die Brösel:
150 g Butter
100 g Semmelbrösel
1 EL Zucker
½ TL Zimtpulver
Puderzucker zum Bestäuben

Zubereitungszeit:
ca. 1 Stunde (inkl. 30 Minuten Ruhezeit)

Für die Knödel Butter mit Puderzucker schaumig rühren. Ei und Eigelb nacheinander unterrühren. Quark und Mehl hinzufügen und alles zu einer geschmeidigen Masse verarbeiten. Diese 30 Minuten ruhen lassen.

Erdbeeren waschen und putzen. Aus der Topfenmasse mit angefeuchteten Händen Knödel abdrehen und jede Kugel etwas flach drücken. Jeweils 1 Erdbeere in die Mitte setzen, den restlichen Teig über der Füllung zusammenklappen und zu runden Knödeln formen.

Erdbeersaft und reichlich Wasser zum Kochen bringen und leicht salzen. Die Hitze reduzieren und die Erdbeerknödel im siedenden Erdbeersaft-Wasser gar ziehen lassen. Herausheben und abtropfen lassen.

Für die Brösel Butter in einer Pfanne schmelzen, Semmelbrösel dazugeben und unter ständigem Rühren goldbraun rösten. Zucker und Zimt untermischen.

Die Erdbeerknödel in den Butterbröseln wenden und die Knödel mit dem Sabayon servieren.

Sabayon
Für 4 Personen:

4 Eigelb (Größe M)
80 g Zucker
100 ml Marsala (ital. Dessertwein)

Zubereitung:
ca. 20 Minuten

Die Eigelbe und den Zucker in eine Metallschüssel geben und über dem heißen Wasserbad mit einem flexiblen Schneebesen schaumig schlagen. Ganz wichtig: Die Schüssel muss mit dem Topfrand abschließen und der Boden der Schüssel darf das Wasser nicht berühren, sonst gerinnt der Inhalt.

Den Marsala nach und nach unter ständigem Rühren hinzufügen, bis eine weißliche, dickschaumige Sauce entsteht – das dauert etwa 10 Minuten.

Die Schüssel vom Wasserbad nehmen und noch 2 Minuten weiterschlagen, damit das Sabayon nicht stockt. Am besten sofort servieren.

Das ist unser Grundrezept für Sabayon. Man kann das Sabayon auch mit verschiedenen Alkoholika wie Prosecco oder Rotwein zubereiten oder auch mit Gewürzen verfeinern.

Marillenknödel mit Aprikosen-Tonkabohnen-Ragout

Für 10–12 Knödel (abhängig von der Größe der Marillen):

500 g mehligkochende Kartoffeln
Salz
500 g–1 kg Marillen (Aprikosen, je nach Größe)
Marzipan oder Würfelzucker (nach Bedarf)
25 g Butter
2 Eier
1 Eigelb
30 g Weichweizengrieß
125 g Mehl
75 g Butter
75 g Semmelbrösel
1 EL Zucker
½ TL Zimtpulver
Puderzucker zum Bestäuben

Zubereitungszeit:
ca. 1 ½ Stunden

Das Rezept für das Aprikosen-Tonkabohnen-Ragout finden Sie auf S. 188.

Kartoffeln mit der Schale in Salzwasser gar kochen. Abgießen, ausdampfen lassen und noch heiß pellen. Durch die Kartoffelpresse drücken und etwas abkühlen lassen.

Marillen waschen und entsteinen. Wenn sie zu säuerlich sind, kann man den Stein durch eine kleine Marzipankugel oder klassisch durch einen Würfelzucker ersetzen.

Butter, Eier, Eigelb und 1 Prise Salz zur Kartoffelmasse geben und leicht untermischen. Den Grieß und das Mehl dazugeben, alles zu einem glatten Teig verkneten und 30 Minuten ruhen lassen.

Zubereitungsmöglichkeit 1: Aus dem Kartoffelteig mit angefeuchteten Händen Knödel abdrehen. Jeden Knödel etwas flach drücken, jeweils eine Marille in die Mitte setzen, den restlichen Teig über der Füllung zusammenklappen und zu Knödeln formen.

Zubereitungsmöglichkeit 2: Auf der bemehlten Arbeitsfläche den Kartoffelteig etwa ½ cm dick ausrollen und 5 bis 6 cm große Quadrate herausschneiden. Marillen in die Mitte setzen, die Ecken übereinanderlegen und zu einem Knödel formen.

Die Marillenknödel in siedendem Salzwasser gar ziehen lassen. Butter in einer Pfanne schmelzen, Semmelbrösel dazugeben und unter ständigem Rühren goldbraun rösten. Kurz vor Schluss Zucker und Zimt untermischen. Die Marillenknödel aus dem Wasser heben, abtropfen lassen und in den Zimtbröseln wälzen. Mit dem Aprikosen-Tonkabohnen-Ragout anrichten. Mit Puderzucker bestäuben und nach Belieben mit Zitronenmelisseblättchen garnieren.

Sie können die Semmelbrösel auch trocken, also ohne Butter, in einer beschichteten Pfanne goldbraun rösten.

Knödel von der gebrannten Mandel mit Vanillebirnen

Für 8–10 Knödel:

Für die gebrannten Mandeln:
200 g Zucker
½ TL Vanillezucker
½ TL Zimtpulver
200 g blanchierte Mandeln

Für die Knödel:
250 g Löffelbiskuits
½ Vanilleschote
25 ml Milch
25 g Rohrzucker
50 g weiße Schokolade
25 g Mehl
2 Eier
2 cl Amaretto (ital. Mandellikör) + Amaretto zum Kochen
Salz
8 g Puderzucker

Zubereitungszeit:
ca. 1 Stunde (inkl. 30 Minuten Kühlzeit)

Das Rezept für die Vanillebirnen finden Sie auf S. 189.

Für die gebrannten Mandeln Zucker mit etwa 100 ml Wasser und Gewürzen in eine noch kalte Pfanne geben. Alles bei mittlerer Hitze zum Kochen bringen. Sobald das Zuckerwasser kocht, die Mandeln hinzufügen. Bei mittlerer Hitze köcheln lassen, bis nach und nach das Wasser verdampft ist. Dabei wird der Zucker flüssig und dunkel und es bilden sich Karamellfäden.

Nach einer Weile wird der Zucker krümelig und legt sich um die Mandeln. Sobald der Zucker an den Mandeln haftet und beginnt, sich wieder zu verflüssigen, die Pfanne vom Herd nehmen und die Mandeln auf einem mit Backpapier ausgelegten Backblech verteilen. Mandeln abkühlen lassen.

Für die Knödel Löffelbiskuits fein reiben. Gebrannte Mandeln im Küchenmixer oder Blitzhacker grob zerkleinern, ggf. den Mixer zwischendurch mal anhalten und die Masse vom Rand schaben. Vanilleschote längs aufschneiden und das Mark mit einem Messerrücken herauskratzen.

Milch mit Zucker, Vanilleschote und -mark in einem Topf aufkochen und 1 Minute köcheln lassen. Danach beiseitestellen.

Schokolade grob hacken und in einer Schüssel über dem heißen Wasserbad schmelzen.

In einer weiteren Schüssel Biskuitbrösel, Mehl, gebrannte Mandeln und Eier vermischen. Vanillemilch, zerlassene Schokolade und Amaretto dazugeben und alles zu einem geschmeidigen Teig kneten. Den Teig zugedeckt 30 Minuten kühl stellen.

Aus dem Teig mit angefeuchteten Händen Knödel abdrehen. Reichlich Wasser zum Kochen bringen, Amaretto und ausgekratzte Vanilleschote von den Vanillebirnen dazugeben und leicht salzen. Die Knödel im siedenden Kochsud gar ziehen lassen. Herausheben, abtropfen lassen und mit den Vanillebirnen anrichten. Mit gebrannten Mandeln und Zitronenmelisse garnieren und mit Puderzucker bestäuben.

Aprikosen-Tonkabohnen-Ragout

Für 4 Personen:

500 g Aprikosen
1 Vanilleschote
80 g Zucker
100 ml Weißwein
4 cl Marillenbrand
Saft von 1 Zitrone
½ geriebene Tonkabohne
Speisestärke (nach Bedarf)

Zubereitungszeit:
ca. 30 Minuten

Das Rezept für die Marillenknödel finden Sie auf S. 184.

Aprikosen waschen, halbieren und entsteinen. Vanilleschote längs halbieren und das Mark mit einem Messerrücken herauskratzen.

Zucker in einer Pfanne karamellisieren, mit Wein und Marillenbrand ablöschen. Anschließend den Zitronensaft, Vanilleschote und -mark sowie die Tonkabohne dazugeben und unter Rühren köcheln lassen, bis sich der Zucker aufgelöst hat.

Die Aprikosen dazugeben und weiterköcheln, bis sie halb zerfallen sind. Die Vanilleschote wieder entfernen.

Das Aprikosen-Tonkabohnen-Ragout bei Bedarf mit etwas Speisestärke binden.

Feines Aroma:

Ob Pudding, Torten, Parfait oder Marmelade – mit 1 Prise geriebener Tonkabohne gewinnt jede Süßspeise an Geschmack. Zum schnellen Verfeinern eignet sich Tonkabohnenzucker: Dazu 200 g Zucker mit 1 geriebenen Tonkabohne mischen. In einem Schraubglas aufbewahren und nach Bedarf verwenden.

Vanillebirnen

Für 4 Personen:

5 Birnen (z.B. Alexander oder Williams Christ)
1 Vanilleschote
100 g Zucker
½ l Birnensaft
etwas Speisestärke zum Binden (nach Bedarf)

Zubereitungszeit:
ca. 30 Minuten

Das Rezept für die Knödel von der gebrannten Mandel finden Sie auf S. 186.

Birnen schälen, halbieren, entkernen und in kleine Würfel schneiden. Vanilleschote längs halbieren und das Mark mit einem Messerrücken herauskratzen.

Zucker in einem Topf karamellisieren und mit den Saft ablöschen. Leicht einköcheln lassen, bis sich der Zucker aufgelöst hat. Birnen und Vanillemark dazugeben und die Birnen bissfest garen (Vanilleschote für den Kochsud der Knödel verwenden). Vanillebirnen bei Bedarf mit etwas Speisestärke binden.

Beschwipste Birnen:

Wenn keine Kinder mitessen, können Sie den Vanillebirnen einen kleinen „Schwips“ verpassen: Dazu zusammen mit den Birnen einen Schuss Williams-Birnen-Schnaps oder Marsala, den italienischen Dessertwein, in den süßen Sud geben.

Tiramisu-Knödel auf Espresso-Mascarpone-Creme

Tiramisu-Knödel
Für 10–12 Knödel:

300 g Löffelbiskuit
30 ml Espresso
2 cl Kahlúa (mex. Kaffeelikör)
2 cl Amaretto (ital. Mandellikör)
25 g weiche Butter • 2 EL Zucker
1 Ei • 1 Eigelb
50 g Speisequark (40 % Fett)
200 g Mascarpone
abgeriebene Schale von je ½ Bio-Zitrone und Bio-Orange
Kakaopulver zum Kochen
Salz

Für die Brösel:
10 Löffelbiskuits
½ EL Zucker
etwas Kakaopulver

Zubereitungszeit:
ca. 45 Minuten

Für die Knödel die Hälfte der Löffelbiskuits in feine Würfel schneiden, mit Espresso, Kahlúa und Amaretto beträufeln und kurz durchziehen lassen.

Restliche Löffelbiskuits fein reiben. Die Butter mit dem Zucker weißschaumig rühren. Nach und nach das Ei und das Eigelb dazugeben, bis eine schaumige, homogene Masse entsteht. Quark, Mascarpone, Löffelbiskuitbrösel, Orangen- und Zitronenschale dazugeben und gut unterrühren.

Die getränkten Biskuitwürfel vorsichtig unter die Masse heben und daraus mit angefeuchteten Händen Knödel abdrehen. Reichlich Wasser zum Kochen bringen, mit Kakaopulver einfärben und salzen. Die Tiramisu-Knödel im siedenden Wasser gar ziehen lassen.

Für die Brösel Löffelbiskuits fein reiben und in einer Pfanne mit Zucker goldbraun rösten. Abkühlen lassen, Kakaopulver dazugeben und die Tiramisu-Knödel vorsichtig in den Bröseln wälzen. Mit der Espresso-Mascarpone-Creme auf Desserttellern anrichten.

Espresso-Mascarpone-Creme
Für 4 Personen:

1 Vanilleschote
150 g Mascarpone
50 g Speisequark • 40 g Zucker
40 ml Espresso (kalt)
2 cl Kahlúa (mex. Kaffeelikör)
2 cl Amaretto (ital. Mandelikör)
50–75 ml Mandeldrink

Zubereitungszeit:
ca. 20 Minuten

Vanilleschote längs aufschneiden und das Mark mit einem Messerrücken herauskratzen.

In einer Schüssel Mascarpone, Quark, Zucker, Espresso, Kahlúa, Amaretto und Vanillemark unter langsamer Zugabe des Mandeldrinks zu einer glatten Creme verrühren.

Die Espresso-Mascarpone-Creme bis zum Servieren kühl stellen.

Knödel von der Vollmilchschokolade mit weißer Schokoladensauce

Für 10–12 Knödel:

250 g Löffelbiskuits
1 Vanilleschote
125 ml Milch
50 g Zucker
500 g Vollmilchschokolade
75 g Butter
3 Eigelb
90 g gemahlene Haselnüsse
100 g Weichweizengrieß
35 g Maisstärke
etwas Kakaopulver zum Kochen
Salz

Für die Schokoladensauce:
400 g weiße Schokolade
120 g Sahne

Außerdem:
bunte Schokolinsen für die Deko

Zubereitungszeit:
ca. 1 Stunde (inkl. 30 Minuten Kühlzeit)

Die Löffelbiskuits fein reiben. Vanilleschote längs aufschneiden und das Mark mit einem Messerrücken herauskratzen. Vanilleschote und -mark mit Milch und Zucker aufkochen.

Die Schokolade mit der Butter in einer Schüssel über dem Wasserbad (siehe dazu Rezept Sabayon auf S. 182) schmelzen lassen.

In einer zweiten Schüssel Eigelbe mit Nüssen, Grieß und Stärke verrühren. Die Vanillemilch und die geschmolzene Schokolade hinzufügen. Biskuitbrösel ebenfalls dazugeben und alles zu einem geschmeidigen Teig verkneten. Zugedeckt etwa 30 Minuten kühl stellen.

Aus dem Schokladenteig mit angefeuchteten Händen Knödel abdrehen. Reichlich Wasser zum Kochen bringen, mit Kakaopulver einfärben und salzen. Die Schokoladenknödel im siedenden Kakao-Wasser gar ziehen lassen.

Für die Schokoladensauce die Schokolade in einer Schüssel über dem heißen Wasserbad schmelzen. Nach und nach die Sahne unterrühren und die Sauce über dem Wasserbad etwa 10 Minuten rühren, bis sie schön sämig ist.

Schokoladenknödel mit der weißen Schokoladensauce auf Tellern anrichten und mit den Schokolinsen garnieren. Nach Belieben mit Kakaopulver bestäuben.

Unter Dampf:

Dieses Rezept eignet sich auch sehr gut für die Zubereitung im Dampfgarer: Dazu die Knödel auf ein Blech legen, 2 cm hoch Kakaowasser dazugeben und 10 Minuten dämpfen.
Und wundern Sie sich nicht: Der Schokoladenknödel hat im Vergleich zu anderen Dessertknödeln eine sehr weiche Konsistenz.

Kokosknödel mit Pistaziensauce und Mangowürfeln

Für 10–12 Knödel:

Für die Knödel:
500 g Speisequark (40 % Fett)
50 g Puderzucker
2 Eier
1 Eigelb
½ geriebene Tonkabohne
abgeriebene Schale und Saft von 1 Bio-Limette
200 g Kokosraspel
60 g Weichweizengrieß
100 g Mehl
500 g Kokosmilch zum Kochen
Salz
Puderzucker zum Bestäuben

Für die Pistaziensauce:
150 g Pistazienmus (aus dem Glas)
50 g Kokosmilch
1 EL Rohrohrzucker
120 g Sahne
2 EL Pistazienkerne (ungesalzen)

Außerdem:
1 süße, reife Mango
2 cl Batida de Côco (brasil. Kokoslikör)

Zubereitungszeit:
ca. 65 Minuten (inkl. 30 Minuten Ruhezeit)

Für die Knödel Quark mit Puderzucker, Eiern, Eigelb und Tonkabohne verrühren. Limettenschale und-saft untermischen. Die Masse mit 120 g Kokosraspeln, Grieß und Mehl zu einem Teig verkneten. Sollte der Teig zu weich sein, noch etwas Mehl unterkneten. Teig zugedeckt im Kühlschrank etwa 30 Minuten durchziehen lassen.

Aus dem Teig mit angefeuchteten Händen Knödel abdrehen. Reichlich Wasser mit der Kokosmilch zum Kochen bringen und leicht salzen. Die Hitze reduzieren und die Knödel in dem Kokoswasser gar ziehen lassen. Herausheben, abtropfen lassen und in den restlichen Kokosraspeln wälzen.

Für die Pistaziensauce das Pistazienmus in einem kleinen Topf erwärmen. Unter ständigem Rühren zuerst die Kokosmilch langsam dazugeben, dann den Zucker und die Sahne. Alles aufkochen und etwa ½ Minute köcheln lassen. Vom Herd nehmen. Die Pistazien grob hacken und unter die Sauce mischen.

Die Mango schälen und das Fruchtfleisch vom Stein schneiden. Zwei Drittel des Fruchtfleischs in feine Würfel schneiden. Den Rest mit Kokoslikör fein pürieren und unter die Mangowürfel mischen.

Die Kokosknödel mit der Pistaziensauce und den Mangowürfeln anrichten. Mit Puderzucker bestäuben.

Lebkuchenknödel mit Beerenragout

Lebkuchenknödel
Für 8–10 Knödel:

175 g unglasierte Lebkuchen (nicht zu frisch)
25 g weiche Butter
2 EL Zucker • 1 Ei • 1 Eigelb
250 g Speisequark (40 % Fett)
3 cl Lebkuchenlikör
Mark von ½ Vanilleschote
abgeriebene Schale von ½ Bio-Orange
Salz • Puderzucker zum Bestäuben

Zubereitungszeit:
ca. 1 Stunde

Die Lebkuchen fein reiben. Die Butter mit dem Zucker weißschaumig rühren. Ei und Eigelb nach und nach dazugeben, bis eine homogene, schaumige Masse entsteht.

Quark, Likör, Vanillemark und Orangenschale dazugeben und gut unter die Eiermasse rühren. Zuletzt die Lebkuchenbrösel unterheben.

Aus der Masse mit angefeuchteten Händen Knödel abdrehen. Reichlich Wasser zum Kochen bringen und leicht salzen. Die Knödel im siedenden Wasser gar ziehen lassen. Herausheben und abtropfen lassen. Lebkuchenknödel mit Beerenragout anrichten. Mit Puderzucker bestäuben.

Beerenragout
Für 4 Personen:

500 g gemischte Beeren
100 g Zucker
50 ml trockener Rotwein
100 g Puderzucker
4 cl Beerenbrand
Speisestärke (nach Bedarf)

Zubereitungszeit:
ca. 30 Minuten (plus 12 Stunden Ziehzeit)

Am Vortag die Beeren in eine Schüssel geben, Zucker und Wein untermischen und die Beeren über Nacht zugedeckt im Kühlschrank durchziehen lassen.

Am nächsten Tag die Beeren in ein Sieb abgießen, dabei den Saft auffangen.

Puderzucker in einem Topf karamellisieren und mit dem Saft und dem Beerenbrand ablöschen. Köcheln lassen, bis sich der Zucker aufgelöst hat. Ggf. mit etwas Speisestärke binden. Den Sud abkühlen lassen und über die Beeren gießen.

Knusperhülle:

Um die Lebkuchenknödel optisch und geschmacklich noch etwas aufzupeppen, kann man sie noch in Lebkuchenbröseln wälzen. Dazu reiben Sie Lebkuchen fein und rösten die Brösel unter ständigem Rühren mit etwas Zimt und Zucker kurz in einer Pfanne an.

Germknödel mit Mohnbutter

Für 6 Knödel:

250 g Mehl
½ Würfel Hefe (21 g)
125 ml Milch
30 g Zucker
25 g Butter (Zimmertemperatur)
2 Eigelb
abgeriebene Schale von ½ Bio-Zitrone
1 Päckchen Vanillezucker
Salz
6 EL Pflaumenmus (aus dem Glas)
1 EL Rum

Außerdem:
Mehl zum Verarbeiten
¼ l Milch zum Kochen
Salz
100 g heiße Butter
150 g gemahlener Graumohn
Puderzucker zum Bestäuben

Zubereitung:
ca. 1 ½ Stunden (inkl. 40 Minuten Gehzeit)

Das Mehl in eine Schüssel sieben. Für das Dampfl (Vorteig) die frische Hefe zerbröckeln und mit der Hälfte der warmen Milch und etwas Mehl verrühren. Das Dampfl mit einem Küchentuch bedecken und etwa 15 Minuten gehen lassen, bis es schön aufgegangen ist.

Restliches Mehl, übrige Milch, Zucker, Butter, Eigelbe, Zitronenschale, Vanillezucker und 1 Prise Salz zum Dampfl geben und alles zu einem glatten Teig verkneten. Teig in 6 etwa 80 g schwere Stücke teilen und die Teigstücke auf der bemehlten Arbeitsfläche zu Knödeln drehen.

Pflaumenmus mit Rum mischen. Jeden Knödel etwas auseinanderziehen und mit 1 TL Pflaumenmus füllen, danach wieder gut verschließen. Die Teigränder hochziehen und zu einem Knödel formen. Die Knödel auf einem bemehlten Brett nochmals an einem warmen Ort etwa 25 Minuten aufgehen lassen.

Germknödel in kochendes, leicht gesalzenes Milch-Wasser legen, die Hitze reduzieren und die Knödel zugedeckt 10 bis 12 Minuten köcheln lassen, nach der Hälfte der Zeit die Knödel wenden. Garprobe machen: Einen Knödel mit einem dünnen Holzspieß anstechen – bleibt kein Teig mehr haften, sind die Knödel gar.

Germknödel herausheben, abtropfen lassen und auf Teller setzen. Mit der Butter übergießen, mit Mohn bestreuen und mit Puderzucker bestäuben. Am besten sofort servieren, sonst fallen sie zusammen.

Kleine Germknödel-Kunde:

Hefeteig am besten an einen warmen Ort stellen, da geht er besser auf. Man kann ihn auch im auf 50 °C vorgeheizten Backofen gehen lassen. Wer einen Dampfgarer hat, kann die Gemknödel auf ein gefettetes Lochblech setzen und im Dampfgarer etwa 12 Minuten garen. Zum Germknödel passen auch Vanillesauce (siehe S. 179) und Zimtzucker perfekt!

Milchreisknödel mit Bratapfelkompott

Milchreisknödel
Für 8 Knödel:

Für die Knödel:
850 ml Milch
Salz • 4 EL Zucker
abgeriebene Schale von je ½ Bio-Zitrone und Bio-Orange
120 g Milchreis
4 Eigelb
2 EL Löffelbiskuitbrösel (siehe unten)
¼ l Milch zum Kochen
¼ EL Butter

Für die Brösel:
12 Löffelbiskuits, davon 2 EL für die Knödel
½ EL Zucker • ½ TL Zimtpulver

Zubereitungszeit:
ca. 80 Minuten (inkl. 45 Minuten Quell- und Abkühlzeit)

Für die Knödel Milch mit 1 Prise Salz, Zucker und Zitrusschalen in einem Topf aufkochen lassen. Reis nach und nach unter ständigem Rühren dazugeben und bei schwacher Hitze etwa 25 Minuten garen, bis der Reis die ganze Milch aufgenommen hat. Dabei gelegentlich umrühren.

Den Topf von der Herdplatte ziehen und den Reis zugedeckt 25 bis 30 Minuten nachquellen lassen, dabei ab und zu umrühren. Den weichen Reis in eine Schüssel geben und zugedeckt abkühlen lassen.

In der Zwischenzeit Löffelbiskuits fein reiben (2 EL beiseitelegen für die Knödelmasse) und in einer Pfanne mit Zucker und Zimt unter Rühren goldbraun rösten.

Eigelbe und Biskuitbrösel unter den abgekühlten Reis mischen und nochmals 15 Minuten ruhen lassen. Aus der Masse Knödel abdrehen. Die Milch mit der Butter in einem Topf bei mittlerer Hitze zum Kochen bringen, die Temperatur reduzieren und die Knödel darin 5 bis 8 Minuten gar ziehen lassen. Herausheben, in den Bröseln wälzen und mit dem Bratapfelkompott anrichten.

Bratapfelkompott
Für 4 Personen:

Butter für die Form
1 kg säuerliche Äpfel (z.B. Boskop oder Elstar)
Saft von 1 Zitrone
¼ l Apfelsaft • 4 cl Calvados
75 g Zucker
Mark von ½ Vanilleschote
½ TL Zimtpulver
1 Sternanis • 2 Gewürznelken

Zubereitungszeit:
ca. 45 Minuten

Den Backofen auf 180 °C vorheizen. Eine ofenfeste Form einfetten. Äpfel schälen, vierteln und das Kerngehäuse entfernen. Die Apfelviertel zuerst nochmals halbieren und dann die Spalten nochmals in der Mitte halbieren. Apfelstücke in die Form legen und mit Zitronensaft beträufeln.

Die Hälfte des Apfelsafts, Calvados, Zucker, Vanillemark und Zimt mischen und über die Äpfel gießen. Sternanis und Nelken mit dazugeben und die Äpfel im Ofen auf der mittleren Schiene 20 bis 25 Minuten garen. Restlichen Apfelsaft nach und nach dazugießen.

Das Bratapfelkompott ergänzt zur Weihnachtszeit auch den Lebkuchenknödel perfekt *(siehe S. 196).*

Bananen-Butterkeks-Knödel mit Karamellsauce

Bananen-Butterkeks-Knödel
Für 10–12 Knödel:

200 g Butterkekse
25 g Butter (Zimmertemperatur)
2 EL Zucker
2 Eier
250 g Speisequark (40 % Fett)
3 cl Bananensirup
Mark von 1 Vanilleschote
3 reife, mittelgroße Bananen (ca. 285 g)
Saft von ½ Zitrone
Bananensirup zum Kochen
Puderzucker zum Bestäuben

Zubereitungszeit:
ca. 1 Stunde (inkl. 30 Minuten Ruhezeit)

Die Butterkekse fein reiben. Die Butter mit dem Zucker weißschaumig rühren. Die Eier einzeln dazugeben und rühren, bis eine homogene, schaumige Masse entsteht. Quark, Sirup und Vanillemark dazugeben und gut unterrühren.

Die Bananen schälen, mit einer Gabel zerdrücken und mit dem Zitronensaft beträufeln. Unter die Quarkmasse rühren. Zuletzt die Butterkeksbrösel untermischen. Die Masse etwa 30 Minuten ruhen lassen.

Aus der Masse mit angefeuchteten Händen Knödel abdrehen. Reichlich Wasser zum Kochen bringen, leicht salzen und etwas Bananensirup dazugeben. Die Knödel im siedenden Bananen-Wasser gar ziehen lassen.

Herausheben, abtropfen lassen und mit der Karamellsauce anrichten. Mit Puderzucker bestäuben. Nach Belieben mit Bananenscheiben und Butterkeksbröseln garnieren.

Karamellsauce
Für 4 Personen:

400 g Zucker
110 g Butter
350 g Sahne

Zubereitungszeit:
ca. 30 Minuten

In einem Topf 120 ml Wasser mit dem Zucker zum Kochen bringen, dabei mit einem Holzlöffel umrühren. Die kochende Zuckermasse bei mittlerer Hitze 12 bis 15 Minuten köcheln lassen, bis sie eine goldbraune Farbe hat. Nicht umrühren!

Den Topf vom Herd nehmen und mit dem Holzlöffel die Butter unterrühren, bis sie geschmolzen ist. Nach und nach die Sahne hineinrühren.

Die Karamellsauce schmeckt perfekt zum Bananen-Butterkeks-Knödel, passt aber auch zu Lebkuchenknödel (siehe S. 196), Apfelknödel (siehe S. 180), Schokoladenknödel (siehe S. 192) oder einfach zu Eis.

Topfen-Mohn-Knödel mit Hagebuttenmark

Für 8–10 Knödel:

Für die Topfenmasse:
300 g Topfen • 1 Vanilleschote
80 g Weizengrieß
1 Ei • 1 Eigelb
20 g Zucker • Salz

Für die Mohnfülle:
90 g weiße Schokolade
150 ml Milch
75 g feiner Zucker
Zimtpulver
75 ml brauner Rum
150 g gemahlener Graumohn
90 g Semmelbrösel

Für das Hagebuttenmark:
500 g frische Hagebutten
400 g Gelierzucker
100 ml Kirschwasser

Außerdem:
Rum zum Kochen • Salz
100 g gemahlener Graumohn
1 Päckchen Vanillezucker

Zubereitungszeit:
ca. 2 ½ Stunden (inkl. 2 Stunden Ruhe- und Kühlzeit)

Für die Topfenmasse den Topfen in ein Küchentuch einschlagen und beschweren, damit die restliche Molke entweicht.

Die Vanilleschote längs aufschneiden und das Mark mit einem Messerrücken herauskratzen. Den ausgepressten Topfen mit Grieß, Ei, Eigelb, Zucker, Vanillemark und 1 Prise Salz verrühren. Im Kühlschrank mindestens 2 Stunden ruhen lassen.

Für die Mohnfülle die Schokolade klein schneiden. Milch, Zucker, 1 Prise Zimt und Rum aufkochen, die Schokolade darin schmelzen. Mohn und Semmelbrösel unterrühren. Die Masse etwa 30 Minuten kühl stellen. Dann daraus kleine Kugeln (à 20 bis 30 g) formen und ins Tiefkühlfach legen.

Für das Hagebuttenmark die Hagebutten waschen und den Blütenansatz abzupfen. Hagebutten klein schneiden, mit Gelierzucker und Kirschwasser in einem Topf weich dünsten und durch ein Sieb passieren.

Aus der Topfenmasse gleich große Kugeln formen und jede Kugel etwas flach drücken. Jeweils 1 Mohnkugel daraufsetzen, den restlichen Teig über der Füllung zusammenklappen und zu runden Knödeln abdrehen.

Reichlich Wasser mit Rum, 1 Prise Salz und ausgekratzter Vanilleschote aufkochen, die Hitze reduzieren und die Knödel darin gar ziehen lassen. Mohn und Vanillezucker mischen. Knödel herausheben, abtropfen lassen und in der Mohn-Vanillezucker-Mischung wälzen. Mit Hagebuttenmark anrichten.

Auch fein:

Außerhalb der Saison oder wenn es schnell gehen soll, können Sie auch auf Hagebuttenmark aus dem Glas zurückgreifen. Oder Sie servieren die Topfen-Mohn-Knödel mit der Vanillesauce von S. 179 oder dem Beerenragout von S. 196.

Glutenfreier Topfen-Limetten-Knödel mit Orangenmus

Topfen-Limetten-Knödel
Für 8 Knödel:

25 g Butter (Zimmertemperatur)
2 EL Zucker
1 Ei • 1 Eigelb
250 g Speisequark (40 % Fett)
abgeriebene Schale von 2 Bio-Limetten
Saft von ½ Limette
Mark von ½ Vanilleschote
Salz
175 g glutenfreies Mehl

Für die Brösel:
1 EL Butter
2 EL glutenfreie süße Brösel

Zubereitungszeit:
ca. 1 Stunde (inkl. 30 Minuten Ruhezeit)

Die Butter mit dem Zucker weißschaumig rühren. Das Ei und das Eigelb einzeln dazugeben und rühren, bis eine homogene, schaumige Masse entsteht.

Quark, Limettenschale und -saft, Vanillemark und 1 Prise Salz dazugeben und gut unterrühren. Zum Schluss das glutenfreie Mehl unterheben. Die Masse etwa 30 Minuten ruhen lassen.

Für die Brösel die Butter in einer kleinen Pfanne erhitzen und die Brösel darin unter Rühren goldbraun rösten.

Aus der Quarkmasse mit angefeuchteten Händen Knödel abdrehen. Die Knödel in siedendem, leicht gesalzenem Wasser gar ziehen lassen. Herausheben und abtropfen lassen. Nach Belieben auf Orangenscheiben setzen, mit dem Orangenmus beträufeln und mit den Bröseln bestreuen.

Orangenmus
Für 4 Personen:

5 Orangen
2 Vanilleschoten
½ l Orangensaft
1 Zimtstange
2 Sternanis
100 g Zucker

Zubereitungszeit:
ca. 45 Minuten (inkl. 20 Minuten Ziehzeit)

Die Orangen so großzügig schälen, dass auch die weiße Haut mit entfernt wird. Die Filets aus den Trennhäuten schneiden und in eine Schüssel geben. Die Vanilleschoten längs aufschneiden und das Mark mit einem Messerrücken herauskratzen.

Den Orangensaft mit ¼ l Wasser, Vanillemark und -schoten, Zimt, Sternanis und Zucker aufkochen und um ein Drittel einköcheln lassen.

Die Orangenfilets mit dem Orangenfond übergießen, etwa 20 Minuten ziehen lassen und dann mit dem Stabmixer fein pürieren.

Danksagung und Widmung

Andrea Seban (siehe Foto) ist als Küchenchefin und Betriebsleiterin des Wirtshauses in der Au sowie der Münchner Knödelei auf dem Oktoberfest seit über zehn Jahren in meinem Team. Die gebürtige Österreicherin zählte schon in ihrer Ausbildung zu den besten Azubis Tirols. Nach Stationen im „The Berkeley" (Savoy) in London und im Restaurant „4 Jahreszeiten" des Hotels Inter-Continental in Wien war sie Küchenchefin in „Buchinger's Zur alten Schule" in Niederösterreich. Ihre wichtigste Station war die „Unterberger Stuben" in Kitzbühel, wo sie bei Spitzenkoch Hasi Unterberger von der Chef de Partie bis zur Küchenchefin befördert wurde. Als Küchenchefin im „Hotel zur Tenne" in Kitzbühel machte sie sich auch bei Veranstaltungen im Rahmen des Hahnenkammrennens einen Namen. Es folgten mehrere Jahre als Küchenchefin im 5-Sterne-Hotel „Alpenkönig" in Seefeld in Tirol, bis Feinkost Käfer sie nach München holte. 2011 wechselte sie zu mir ins Wirtshaus in der Au und gemeinsam entwickelten wir viele „Knödeleien". Sie ist eine absolute Knödelexpertin und ich danke ihr für die vielen Stunden des gemeinsamen Ausprobierens, Diskutierens und konstruktiven Austausches für die Rezepte in diesem Buch.

Mein Dank geht an:

Katrin Winner und ihren Stylisten Daniel Schwarz für die Umsetzung des Fotoshootings und die tolle Foodfotografie.

Günter Maria Bregulla, der dank seiner Kreativität immer die richtigen Worte findet, für seine umfangreiche Recherchearbeit zur Weltgeschichte des Knödels sowie die Ausarbeitung der Texte.

Den Spitzenkoch Ali Güngörmüş und den Gastronomen Giang („Chang") van Nguyen für ihre Inspiration und Kollegialität.

Stefan Braun Photography für die Nutzung der Oktoberfestfotos.

Den ZS Verlag für die professionelle und vertrauensvolle Zusammenarbeit bei diesem nicht ganz alltäglichen Kochbuch.

Gewidmet ist dieses Buch meiner Frau Bettina – kritische Beobachterin, treue Begleiterin in allen Lebenslagen und weltbeste Kochpartnerin ❤

Register

A

B

C

D

E

F

G

H

I

K

L

M

N

O

P

R

S

T

U

V

W

Z

ZUM AUTOR

Florian Oberndorfer ist seit vielen Jahren im Gastgewerbe tätig. Er betreibt seit 1993 das Wirtshaus in der Au, eines der ältesten und schönsten Wirtshäuser in München. Seit 2002 öffnet er alljährlich für zwei Wochen die Pforten seiner „Münchner Knödelei" auf dem Oktoberfest. Daneben veranstaltet der Münchner Gastronom regelmäßig seinen „Königlich Bayrischen Knödelkochkurs". Er ist Erfinder und Entwickler unzähliger innovativer Knödelkreationen.

IMPRESSUM

Hinter jedem tollen Buch steckt ein starkes Team

Projektleitung: *Stella Paschen, Kathrin Mayr*
Texte: *Günter Maria Bregulla (concept c media, München)*
Rezepte: *Florian Oberndorfer, Andrea Seban*
Lektorat: *Eva-Maria Hege*
Covergestaltung: *Catharina Burmester*
Grafisches Konzept und Satz: *Catharina Burmester*
Grafische Gestaltung: *Julia Arzberger*
Fotografie: *Katrin Winner*
Foodstyling: *Daniel Schwarz, Gerlinde Hans*
Herstellung: *Frank Jansen*
Producing: *Jan Russok*
Druck & Bindung: *optimal media GmbH, Röbel*

2. Auflage 2022
© 2021 Edel Verlagsgruppe GmbH
Kaiserstraße 14 b
D-80801 München
ISBN: 978-3-96584-170-3

BILDNACHWEIS

Heidi Abt: S. 214
Stefan Braun: S. 25, 39 (außer oben li.)
Florian Oberndorfer: 151
Katrin Winner: S. 4, 17, 208
Shutterstock: S. 21, 39 (oben li.), 119, 157

FOOD FOTOS

Im Buch enthaltene Fotos können zur eigenen Nutzung erworben werden unter ***www.stockfood.de***

LIEBE LESER*INNEN

wie schön, dass Sie ein Buch von ZS in den Händen halten. „jetzt leben!“ ist das Motto unseres Verlages. Es steht für Genuss und Inspiration, Unterstützung und Motivation. Ob Kulinarik oder Fitness, Gesundheit oder Lebenshilfe – seit über 30 Jahren bieten wir kompetente Ratgeber für (fast) alle Lebenslagen. Wir lieben Tradition genauso wie Innovation – sie treiben uns an. Unsere Autor*innen sind Menschen, die zu ihrem Thema wirklich etwas zu sagen und zu schreiben haben. Unsere Produkte sind erzählerisch, appetitmachend und als gedruckte Bücher haptisch echte Erlebnisse. Für Sie mit ganz viel Liebe gemacht! Entdecken Sie mehr aus unserer wunderbaren Welt!

UNSER VERLAGSHAUS

Mit Standorten in München, Hamburg und Berlin zählt die Edel Verlagsgruppe zu den größten unabhängigen Buchanbietern Deutschlands. Zur Edel Verlagsgruppe gehört unter anderem ZS mit seinen Lizenzmarken Dr. Oetker Verlag, Kochen & Genießen und Phaidon by ZS.

ZS - ein Verlag der Edel Verlagsgruppe
www.zsverlag.de
www.facebook.com/zsverlag
www.instagram.com/zsverlag

FÜR DIE UMWELT

ZS unterstützt bei der Produktion dieses Buches das Projekt „Junge Riesen für die nächsten 100 Jahre“ im Naturpark Nossentiner/Schwinzer Heide. Damit wird ein Anteil der unvermeidbaren CO_2-Emissionen im direkten Umfeld des Produktionsstandortes kompensiert.

PARTNER Naturpark Nossentiner / Schwinzer Heide
www.optimal-media.com/naturschutzprojekt-001

NEWSLETTER

Was koche ich denn heute Feines? Und wie geht das nochmal – schmackhaft und gleichzeitig gesund?

Mit dem ZS Newsletter keine kulinarischen und gesundheitlichen Trends mehr verpassen und immer auf dem neuesten Stand bleiben. Wir informieren regelmäßig über unsere Neuerscheinungen, Aktionen oder Gewinnspiele und verraten unsere Lieblingsrezepte!

ANMELDEN!

Jetzt anmelden unter:
www.zsverlag.de/newsletter

GEWINNEN

Unter allen Neuabonnierenden verlosen wir jeden Monat *eine Gesundheits-* oder *Koch-Box* von ZS.